Coleção **Eu gosto m@is**

Volume **5** — Ensino Fundamental

Educação Musical

Marta Deckert

Mestre em Educação (UFPR), especialista em Educação Musical e Regência de Coro Infantojuvenil (Escola de Música e Belas Artes do Paraná – Embap), bacharel em Música (Embap), licenciada em Ciências Biológicas (Unoesc). Atua como professora na área de Educação Musical na Educação Infantil, Ensino Fundamental e Ensino Superior. Possui publicações de livros e artigos na área. Ministra palestras, cursos e oficinas para professores especialistas e não especialistas na área de música.

1ª edição
São Paulo
2013

COLEÇÃO EU GOSTO M@IS
Educação Musical – Volume 5
© IBEP, 2013

Diretor superintendente	Jorge Yunes
Diretora adjunta editorial	Célia de Assis
Assessora pedagógica	Valdeci Loch
Editores	Kelle Cristine da Silva
	Ricardo Soares
Revisão técnica	Juliana Gardusi
	Hélcio Hirao
	José Eduardo Bracco
Revisão	Juliana Bassichetti
	Lucy Myrian Chá
	Karina Danza
	Maria L. Favret
	Lucia Helena Ferreira
Coordenadora de arte	Karina Monteiro
Assistentes de arte	Marilia Vilela
	Nane Carvalho
Coordenadora de iconografia	Maria do Céu Pires Passuello
	Ana Claudia Dias
Assistentes de iconografia	Adriana Neves
	Simone da Costa Silva
	Wilson de Castilho
Produção gráfica	José Antônio Ferraz
Assistente de produção gráfica	Eliane M. M. Ferreira
Projeto gráfico	APIS – Design integrado
Diagramação	SG-Amarante Editorial
Ilustrações	Silmara Takazaki Egg
	Hettore Santiago
Capa	APIS – Design integrado

CIP-BRASIL. CATALOGAÇÃO NA PUBLICAÇÃO
SINDICATO NACIONAL DOS EDITORES DE LIVROS, RJ

D348e

Deckert, Marta
  Eu gosto m@is Educação Musical Volume 5 / Marta Deckert. – 1. ed. – São Paulo : IBEP, 2013.
  48 p. : il. ; 28 cm. (Eu gosto m@is)

  ISBN 9788534237116 (mestre) / 9788534237062 (aluno)

  1. Música – Instrução e estudo (Ensino Fundamental). 2. Música na educação. I. Título. II. Série.

13-04100   CDD: 780.7
                                    CDU: 78(07)

15/08/2013   16/08/2013

1ª edição – São Paulo – 2013
Todos os direitos reservados

Av. Alexandre Mackenzie, 619 – Jaguaré
São Paulo – SP – 05322-000 – Brasil – Tel.: (11) 2799-7799
www.ibep-nacional.com.br   editoras@ibep-nacional.com.br

Impresso na Gráfica FTD

APRESENTAÇÃO

Querido aluno, querida aluna,

A história da música inicia muito antes da descoberta do Brasil, em 1500. A nossa música erudita, muitas vezes chamada de clássica, tem uma herança europeia muito forte. Essa música foi trazida para o Brasil e tornou-se também um conhecimento cultural presente em nosso país. Claro que não de maneira tão forte quanto em países da Europa. No entanto, podemos encontrar e assistir a concertos de orquestras tocando Bach, Mozart, Beethoven, além dos nossos compositores de música erudita, bem como alunos de música dedicados ao estudo do repertório de muitos desses compositores.

Este volume tem o objetivo de levá-lo a conhecer um pouco dessa história da música ocidental.

Bom trabalho!

A AUTORA

SUMÁRIO

1. Os elementos da música — 5
2. História da música: música medieval — 10
3. O ritmo — 14
4. História da música: música renascentista — 21
5. Notação musical: a pauta ou pentagrama — 25
6. História da música: música barroca — 30
7. Clave de sol — 33
8. História da música: música clássica — 37
9. A melodia — 42
10. História da música: música romântica — 45
11. Timbre: os instrumentos da orquestra — 48
12. História da música: música contemporânea — 54

Referências — 56

Sugestões de leitura — 56

LIÇÃO 1

Os elementos da música

A música pode ser descrita como a “arte do som”. O músico e o compositor lidam com a produção do som, organizando-o como música.

O som possui quatro propriedades: **duração**, **altura**, **timbre** e **intensidade**. Quando os sons organizam-se em música, podemos incluir ainda a **harmonia** e a **forma musical**. Neste primeiro momento, vamos apresentar apenas alguns desses conceitos, os quais serão retomados e trabalhados ao longo das lições do livro.

Observe a partitura a seguir.

Concerto in G Minor

Op. 4, No. 3

I.

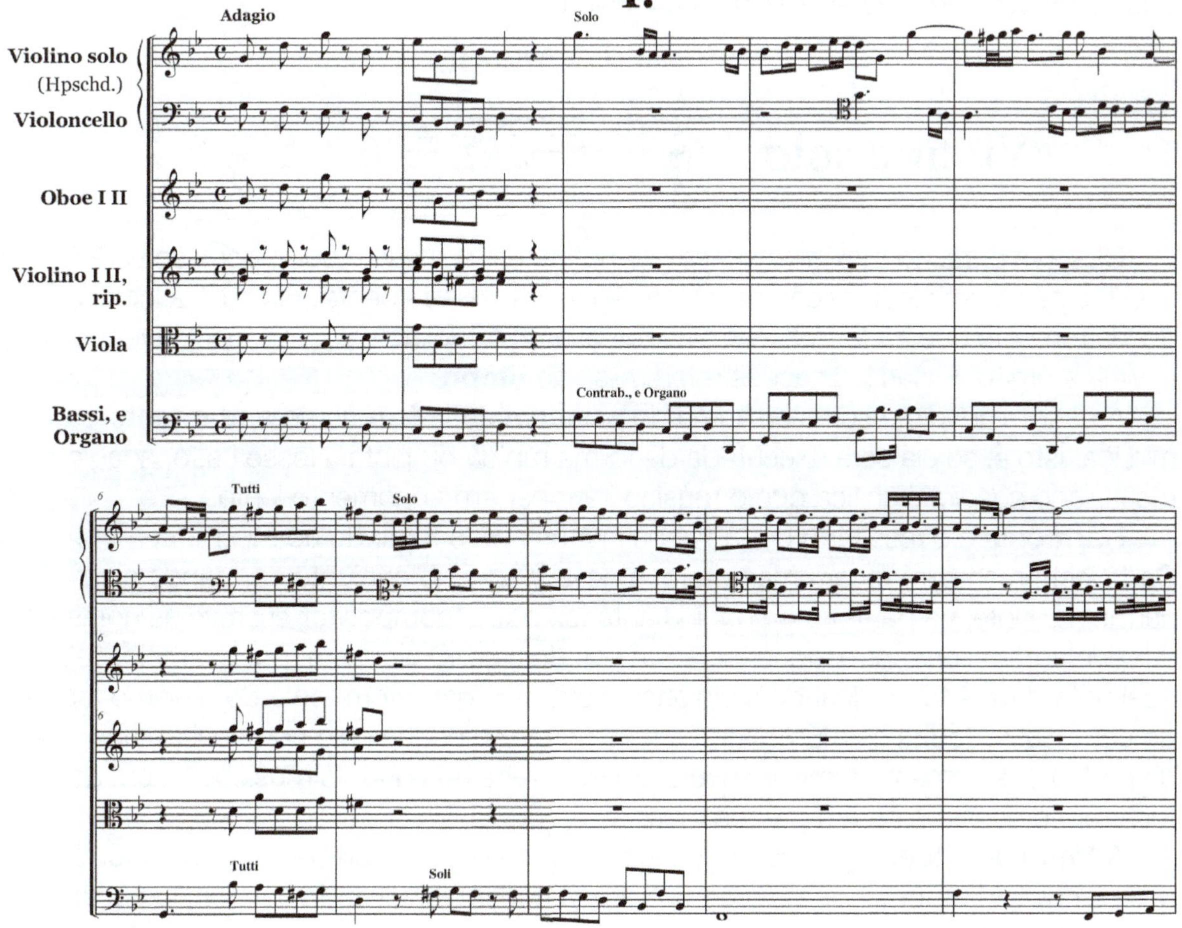

George Friderich Haendel. *Great Organ Concerti*. New York: Dover Publications, 1983. p. 30-40.

Na música, chamamos a organização das diferentes durações do som de **ritmo**. Assim, o primeiro compasso é a sequência representada pelas figuras rítmicas da colcheia, seguidas pela sua respectiva pausa. Isto é, as colcheias significam que vamos ouvir sons curtos, e as pausas, que vamos ouvir períodos curtos de silêncio. A sequência a seguir representa duração de som e silêncio que vamos ouvir.

A organização e a combinação de diferentes alturas chamamos de **melodia**. Em nosso exemplo, ela é representada pelas mesmas figuras descritas acima, mas levando em consideração a sua localização no pentagrama ou pauta. Se escritas na parte inferior, indicam sons graves; se colocadas na parte superior, sons agudos. Assim, os sons começam nos graves em direção aos agudos; iniciam na parte inferior e terminam na parte superior do pentagrama. A melodia é composta por diferentes alturas de sons, desde os graves até os mais agudos. O compositor escolhe a sequência de alturas que quer utilizar. Eles são escritos no pentagrama (pauta), que são as cinco linhas e os quatro espaços em que escrevemos a música.

Observe o trecho melódico acima. As notas têm o mesmo som, por isso estão escritas na mesma localização na pauta. Ao lado de cada pentagrama há a indicação do instrumento que irá tocá-lo – em nosso exemplo, violino solo, violoncelo, violino I e II, viola e órgão. Essas indicações referem-se ao **timbre**.

A palavra *adagio*, escrita em cima do pentagrama, refere-se ao **andamento** da música, isto é, se ela será executada de forma rápida ou lenta. Nesse caso, adágio (do italiano *adagio*) significa que o músico irá tocar em andamento lento.

Harmonia é o resultado de todos os instrumentos tocando ao mesmo tempo. Cada instrumento irá tocar uma nota que deverá soar no conjunto, formando a harmonia. Note, na partitura da página anterior, que o compositor escreve as notas de um pentagrama em correspondência com os demais. O violinista, por exemplo, sabe qual nota deverá tocar quando o violoncelo e a viola estiverem tocando o último tempo do compasso. Todos os músicos tocam as notas indicadas pelo compositor, por meio da partitura, ao mesmo tempo. Esse é um dos trabalhos que os músicos fazem ao tocar em orquestras ou em grupos musicais.

A **forma musical** é analisada quando ouvimos ou estudamos uma obra musical por completo. É a forma como o compositor a construiu, levando em consideração as repetições do tema, suas variações, como apareceram os instrumentos na música etc.

Neste ano vamos estudar conteúdos musicais que dizem respeito ao **ritmo**, à **melodia**, à **intensidade** e ao **timbre**.

Observe a partitura a seguir.

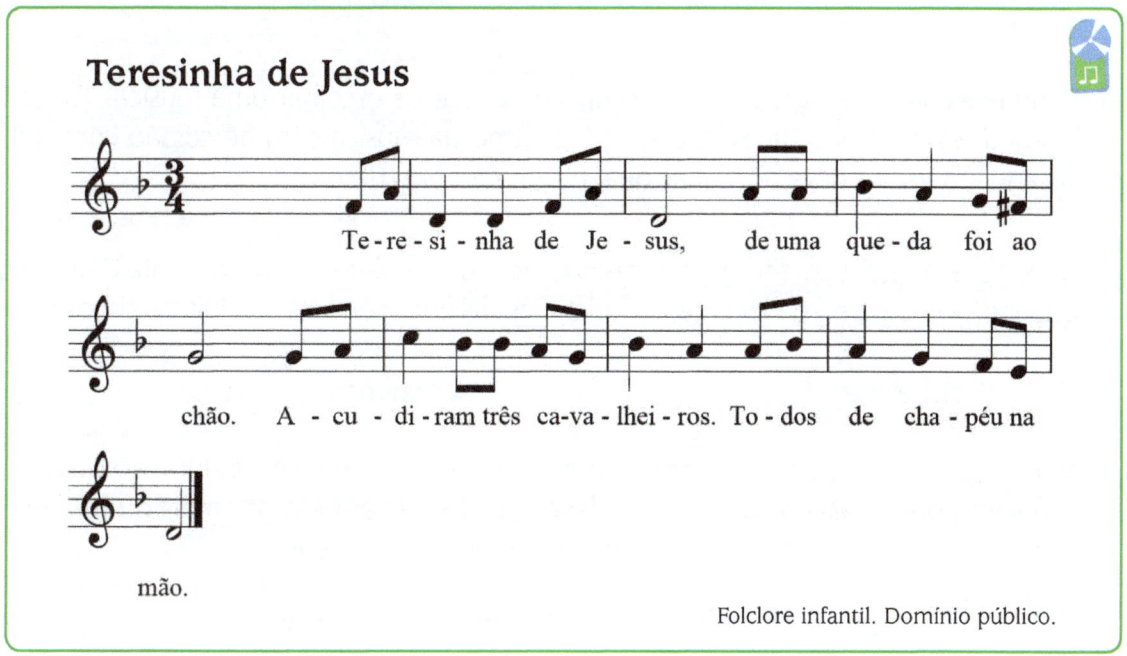

Teresinha de Jesus

Te-re-si-nha de Je-sus, de uma que-da foi ao chão. A-cu-di-ram três ca-va-lhei-ros. To-dos de cha-péu na mão.

Folclore infantil. Domínio público.

1 Com palmas e estalos dos dedos, vamos fazer o ritmo da música da seguinte forma: bata palma a cada sílaba da música, depois cante-a silenciosamente enquanto bate palmas, e você estará fazendo a "sequência rítmica da música" ou o "ritmo da música".

Os sons corporais podem variar em cada frase da música.

Execute variações da seguinte forma:

1ª frase – *Teresinha de Jesus* — batendo palmas

2ª frase – *de uma queda foi ao chão* — com estalos de dedos

3ª frase – *acudiram três cavaleiros* — palmas nas pernas

4ª frase – *todos três de chapéu na mão.* — palmas no peito

2 Com instrumentos musicais ou instrumentos de percussão (clavas, coco, chocalho, tambor etc.), vamos tocar variações da música da seguinte forma: formem grupos, conforme os instrumentos disponíveis; a seguir, cada grupo tocará uma frase da música.

3 Escolha, com o seu grupo, uma música (popular, folclórica). Façam a percussão corporal do ritmo da música. Sejam criativos, procurem sons diferentes que o corpo pode produzir. A seguir, apresentem para os seus colegas.

MÚSICAS E BRINCADEIRAS

4 Reúna-se com o seu grupo. Cada grupo da classe irá escolher uma música. Todos os integrantes do grupo deverão executar o ritmo da música com percussão corporal. A seguir, a turma deve adivinhar qual música foi executada.

5 Olhe novamente a partitura de *Teresinha de Jesus* e pinte as figuras (notas musicais) que indicam o ritmo da música, as colcheias de uma cor e as semínimas de outra.

Colcheias ♫   Semínima ♩

Você sabe o que estas notas musicais significam? Elas indicam a duração que um som pode soar e se um músico deve tocá-lo ou cantá-lo por mais ou menos tempo. Podemos chamá-los de sons longos ou curtos. Assim:

A semínima ♩ é **um** som longo _____

As colcheias ♫ são **dois** sons curtos _____ _____

♩ = ♫

6 Ouça os trechos rítmicos e registre-os utilizando as linhas que representam se o som é longo ou curto.

a)

b)

c)

d)

e)

LIÇÃO 1

7 Volte à atividade anterior e escreva os trechos musicais que você ouviu usando notas musicais.

a) _____

b) _____

c) _____

d) _____

e) _____

8 Ditado de trechos rítmicos.

a) _____

b) _____

c) _____

d) _____

e) _____

LIÇÃO 1

LIÇÃO 2

História da música: música medieval

Segundo relatos históricos, o Brasil foi descoberto no ano de 1500, por Pedro Álvares Cabral, e a América (continente americano), ao qual pertencemos, foi descoberto um pouco antes, em 1492, por Cristóvão Colombo. Antes dessas descobertas, como você acha que as pessoas viam o mundo? Imaginava-se que a Terra era formada apenas pelos continentes da Europa, da Ásia e da África, cercados por um grande oceano. Quando os europeus descobriram a América, referiram-se a ela como o "Novo Mundo", e os continentes europeu, asiático e africano ainda hoje são chamados de "Velho Mundo".

O nosso passeio pela história da música começa no "Velho Mundo", mais especificamente pela Europa, a partir do século V (500) até o século XIV (1400). Naquela época, a Europa não era formada por países, como conhecemos hoje, mas por um conjunto de pequenos reinados governados por reis, rainhas e príncipes que viviam constantemente em guerra para obter mais e mais terras, para aumentar os seus reinos.

A Europa no tempo do feudalismo. Cena do *Livro das horas do Duque de Berry*. Obra (iluminura) dos irmão Limbourg, século XV.

Músicos medievais. *Crônica de Rudolf von Ems – O rei Davi com escritores e músicos*. Obra de autor desconhecido, século XIV.

A atividade principal era o cultivo da terra, em um sistema de organização chamado feudalismo. Neste sistema, havia o dono das terras e os camponeses, que só podiam cultivá-las se pagassem aos seus donos com o seu trabalho ou com mercadorias. O campo, nessa época, era mais importante que a cidade.

O centro cultural da vida das pessoas era a igreja, que também mantinha os mosteiros, as escolas da época, frequentados pelos monges ou padres. Mas a maioria das pessoas, inclusive as ricas, não sabiam ler nem escrever. O conhecimento, o saber, as artes estavam principalmente dentro dos mosteiros.

Como a religião era o centro da vida das pessoas no período medieval, a música religiosa, desenvolvida nas igrejas e nos mosteiros, era a principal manifestação musical da época. O *canto gregoriano* ou *cantochão* foi o principal estilo musical da época.

No período medieval cantavam-se diversos cantos na igreja, ensinados de pessoa para pessoa apenas ouvindo, decorando. No entanto, a melodia com o passar do tempo se modificava. Preocupado com isso, o papa Gregório I, no ano de 590, reuniu vários cantos para serem cantados dentro da igreja, fundando uma escola de canto gregoriano com o objetivo de formar monges para a correta execução da música religiosa.

A partir do canto gregoriano, para os monges não esquecerem como deveriam cantar, criou-se a primeira escrita musical, os neumas. Observe, a seguir, a partitura de um canto gregoriano.

Fonte: http://divinicultussanctitatem.blogspot.com.br/2012/02/acto-penitencial-em-portugues.html. Acesso em: 8 jul. 2013.

Também existiam nessa época os "trovadores", músicos e poetas que passavam de cidade em cidade mostrando as suas poesias em forma de música, além de levarem notícias de um lugar a outro. Surgiram na França entre os anos 1000 e 1100 e espalharam-se por toda a Europa.

Os principais instrumentos de música do período medieval são: viela, alaúde medieval, galubé e tamboril, corneto, charamela, viela de roda, rebeque, cítola ou cistre e saltério.

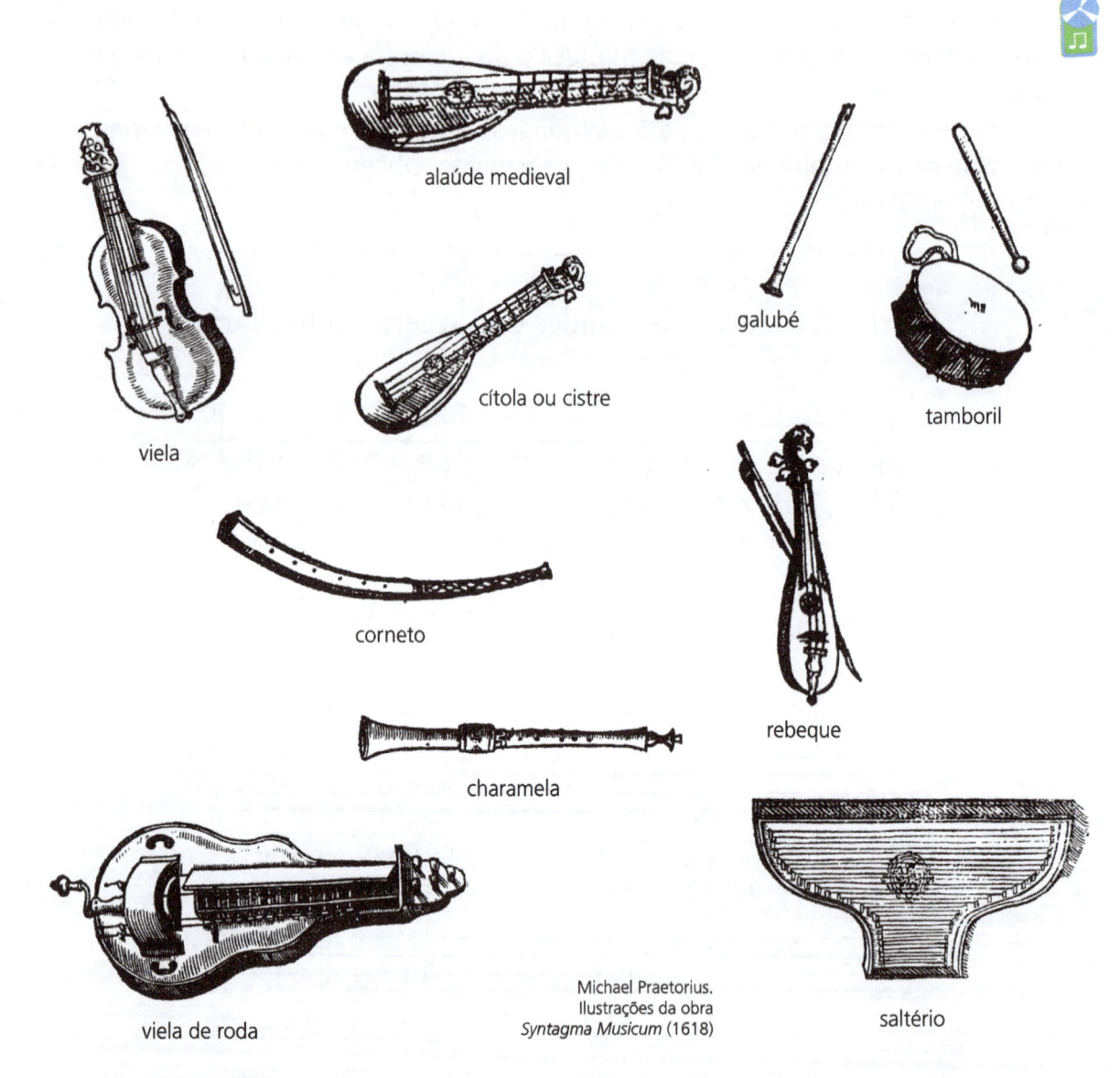

Michael Praetorius. Ilustrações da obra *Syntagma Musicum* (1618)

Alguns dos principais compositores do período medieval são: Léonin e Pérotin, que atuaram como compositores na Igreja Notre-Dame, em Paris, na França, seguidos por Guillaume de Machaut. John Dunstable foi um compositor que atuou na Inglaterra.

Ainda hoje existem grupos musicais especializados em tocar música medieval utilizando instrumentos como os da época. Além de canto gregoriano, estudado e gravado por monges na época atual, alguns exemplos de músicas que apresentam elementos da música medieval são a música celta, a música irlandesa, a música inglesa medieval.

1 Ouça uma música do período medieval e registre, através de imagens ou palavras o que ela lhe lembra.

VAMOS PESQUISAR

2 **Atividade de pesquisa.** É possível encontrar alguns grupos de música que se dedicam ao estudo e à interpretação da música medieval, assim como grupos instrumentais e coros de monges que interpretam cantos gregorianos. Pesquise e registre a seguir o nome de grupos instrumentais e vocais que se dedicam a interpretar a música medieval.

_____
_____
_____
_____

LIÇÃO 3

O ritmo

Na lição 1 estudamos os sons longos ou curtos e as notas musicais que usamos para representá-los:

A semínima ♩ é um som longo _____

As colcheias ♫ são dois sons curtos _____ _____

Quando escrevemos uma colcheia sozinha, a sua representação é esta: ♪

A combinação de diferentes durações forma o **ritmo** da música.

Na música *Teresinha de Jesus* (lição 1), fizemos várias atividades com percussão corporal: palmas, estalos de dedos, bater com as mãos na barriga, nas pernas etc., um som desses em cada sílaba da música. Com isso descobrimos a sequência rítmica ou o **ritmo** da música.

Toda música possui um ritmo. Vamos encontrar o ritmo na música *Boi da cara preta*. Para isso, cante a música, depois acompanhe com percussão corporal, batendo palmas a cada uma das sílabas.

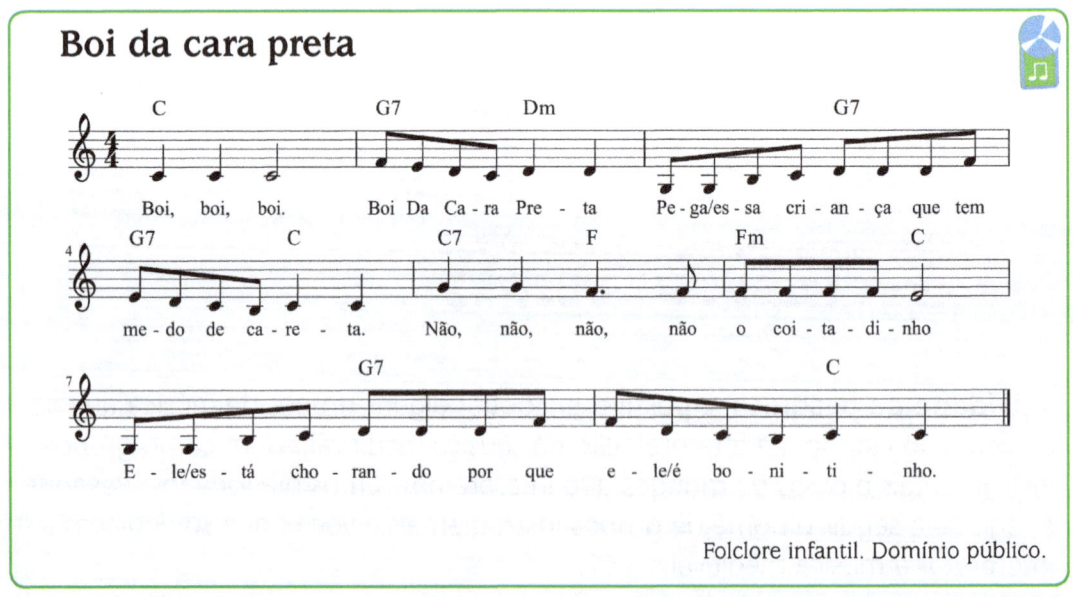

Folclore infantil. Domínio público.

1 Na partitura da música *Boi da cara preta*, circule e pinte as figuras (notas musicais) da semínima e da colcheia.

2 Execute, com palmas, os seguintes trechos rítmicos.

a) ♩ ♫ ♫ ♩

b) ♫ ♫ ♫ ♩

c) ♩ ♫ ♫ ♫

d) ♫ ♩ ♫ ♩

e) ♩ ♫ ♩ ♫

O pulso na música

Você sabia que a música tem um pulso, uma pulsação? Semelhante ao nosso coração, a música tem sons que se repetem em um intervalo de tempo sempre igual, e a isso chamamos de **pulso**.

A batida do relógio está dentro de um pulso. O tic-tac do relógio acontece em um intervalo de tempo sempre igual, há um som constante, e é isso o que acontece em uma música. Ouça o som do relógio e, com palmas bem suaves, acompanhe o som. Será que enquanto fazemos esse som (palmas) podemos cantar uma música dentro desse pulso? Experimente cantar a música *Teresinha de Jesus*.

Vamos encontrar o pulso de músicas. Ouça uma música e, batendo com os dedos na palma da mão, encontre o pulso dela.

As notas musicais representam os sons e também acontecem dentro de um pulso.

Uma semínima = um pulso ♩

Duas colcheias = um pulso ♫

3 Cada quadro a seguir representa um pulso. Escreva o seu trecho rítmico, colocando uma figura musical em cada pulso.

a) ☐ ☐ ☐ ☐   b) ☐ ☐ ☐ ☐

c) ☐ ☐ ☐ ☐   d) ☐ ☐ ☐ ☐

Andamento

O pulso na música também pode ser classificado como rápido, moderado ou lento. Isso quer dizer que cada música tem um tipo de pulso. Em algumas delas o pulso pode ser bem rápido – ou seja, quando marcamos o pulso com palmas, fazemos movimentos rápidos –, em outras pode ser lento e em outras, ainda, pode estar entre o lento e o rápido – o moderado. Na música, dizemos que isso é o **andamento**.

Então, a velocidade com que a música é executada é chamada de **andamento**. O compositor usa palavras específicas para indicar o andamento de uma música.

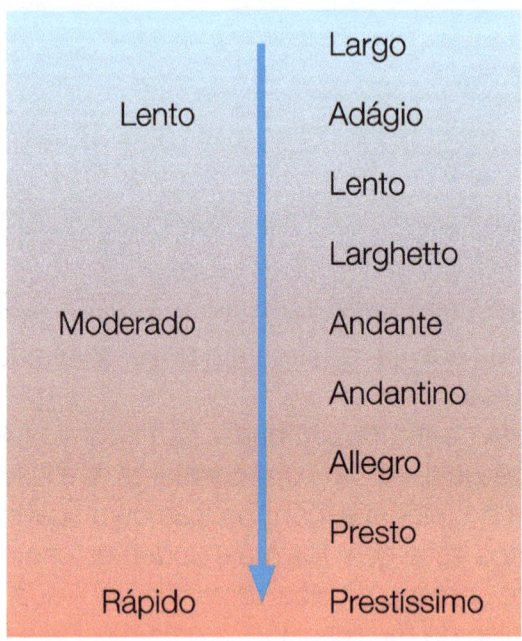

Você sabia que, nas composições, um dos elementos mais importantes é o andamento? Muitas vezes ele pode definir o caráter de uma música. Por exemplo, músicas com andamento rápido (allegro) podem apresentar caráter alegre, vivo, dinâmico.

4 Ouça as músicas. Escreva o tipo de andamento (lento, moderado ou rápido) e o que você percebeu como caráter da música (alegre, viva, melancólica etc.).

	Andamento	Caráter
Música 1:	_____	_____
Música 2:	_____	_____
Música 3:	_____	_____
Música 4:	_____	_____
Música 5:	_____	_____

5 Ouça os trechos musicais e numere-os segundo a sequência que você ouvir.

a) ♩ ♩ ♫ ♩   b) ♫ ♩ ♫ ♩

c) ♩ ♫ ♫ ♩   d) ♩ ♫ ♩ ♫

e) ♩ ♫ ♩ ♫   f) ♩ ♩ ♩ ♫

6 Ditado rítmico.

a) _____   b) _____

c) _____   d) _____

7 As músicas escritas (partitura) são divididas em pequenas partes que chamamos de compasso. Essas divisões podem ser feitas em compassos de dois, três ou quatro pulsos. Os músicos também chamam o pulso de tempo.

Observe partitura da música *Margarida*. Veja que no início da música, após a clave de sol, há dois números. O número de cima indica quanto tempo terá cada compasso. Circule e pinte as notas do primeiro tempo ou primeiro pulso de cada compasso.

Margarida

Que é da Mar-ga---ri---da? O que, o que, o quê? Que é da Mar-ga---ri----da? O que se vai fa-zer?

Folclore infantil. Domínio público.

Escreva a sua partitura musical, dividindo-as em compassos.

a) quatro tempos: _____

b) três tempos: _____

c) dois tempos: _____

● LIÇÃO 3

As figuras de valor

Conhecemos a semínima e a colcheia, figuras de valor que indicam a duração de um som. Mas há muitas outras figuras que podem ser usadas para representar a duração de um som. A semibreve, por exemplo, tem duração muito longa; por sua vez, a semicolcheia tem sons muito curtos. As figuras da colcheia e da semicolcheia, quando escritas sozinhas ou em grupo, têm representações diferentes.

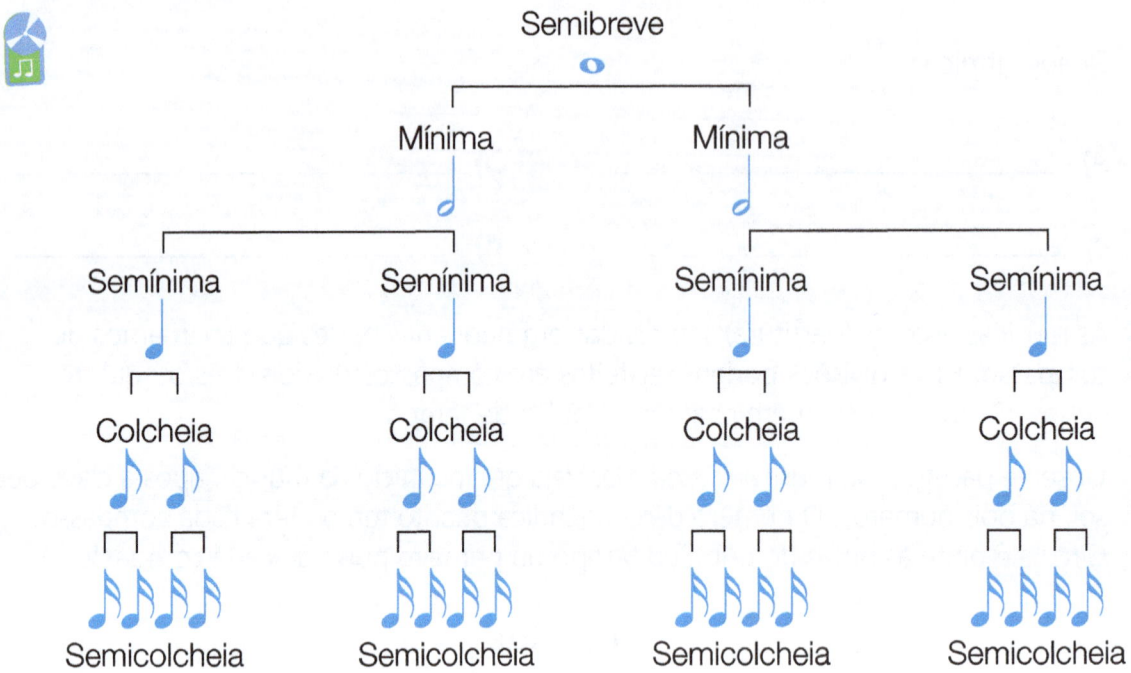

8 Desenhe as notas musicais correspondentes.

mínima	semicolcheia	semibreve	colcheia	semínima	semibreve

Escreva os nomes correspondentes às notas musicais.

♩ (mínima)	♪ (colcheia)	♩ (semínima)

♬ (semicolcheia)	♪ (colcheia)	o (semibreve)

LIÇÃO 3

As notas musicais são nomeadas por partes.

As notas musicais que possuem colchetes são escritas de maneiras diferentes em uma partitura. Tudo depende de quantas notas se deseja escrever. Assim, temos:

Colcheia

- Duas colcheias juntas ⟶ ♫

- Quatro colcheias juntas ⟶ ♫♫

- Uma colcheia sozinha ⟶ ♪

> As colcheias têm apenas um traço em cima que une todas elas.

Semicolcheia

- Quatro semicolcheias juntas ⟶

- Uma semicolcheia ⟶ ♫

- Uma colcheia + duas semicolcheias ⟶

> A semicolcheia tem dois traços que unem as quatro notas.

LIÇÃO 3

9 Observe a partitura a seguir. Nela aparecem as figuras musicais que estamos estudando. Algumas estão sozinhas, outras combinadas (colcheias e semicolcheias). Pinte as figuras musicais com cores diferentes, uma cor para cada figura musical. Pinte a seguir na legenda as cores de sua escolha.

◯ Semibreve   ◯ Mínima   ◯ Semínima   ◯ Colcheias   ◯ Semicolcheias

Alecrim dourado

[Partitura musical com os acordes G, C, Dm, G⁷, C, F, C, G⁷, C, F, C, G⁷, C e a letra: "A-le-crim, a-le-crim dou-ra-do que nas-ceu no cam-po sem ser se-me-a-do. Foi meu a-mor quem me dis-se/as-sim que a flor do cam-po/é o a-le-crim. Foi meu a-mor quem me dis-se/as-sim que a flor do cam-po/é o a-le-crim."]

Folclore infantil. Domínio público.

VAMOS PESQUISAR

10 Podemos executar as figuras rítmicas estudadas usando instrumentos musicais. Mas você já aprendeu que o nosso corpo também é um instrumento musical. Se batermos as mãos, as mãos nas pernas, na barriga, na cabeça, se explorarmos os sons com a boca, com os dedos, vamos encontrar uma infinidade de sons que, combinados, podem transformar-se em música.

Há um grupo chamado Barbatuques que, partindo desses sons corporais, produz as próprias músicas. Vamos pesquisar uma de suas obras. Será que você conseguiria fazer a sua música utilizando sons do corpo? Vamos experimentar?

História da música: música renascentista

LIÇÃO 4

No Renascimento surgiram novas ideias, que influenciaram o modo de vida das pessoas.

O período do Renascimento (1450-1600) foi responsável por extraordinário progresso nas artes e na ciência. O homem passou a ser o centro e a razão de todas as coisas e a buscar respostas para muitas questões, por meio de métodos científicos usados em estudos e pesquisas.

Desse pensamento surgiram as grandes descobertas e explorações. Vasco da Gama, Colombo, Cabral e outros exploradores fizeram viagens de descobrimento, chegando ao "Novo Mundo", o continente americano, e também ao Brasil. Assim, nosso país foi descoberto em 1500, época renascentista.

Algumas invenções importantes dessa época contribuíram para mudar o modo de pensar do homem. Uma dela foi a invenção da tipografia (os tipos móveis de Gutenberg), que permitiu imprimir livros em maior quantidade e possibilitou a difusão do conhecimento para mais pessoas. Em 1501, na cidade de Veneza, na Itália, Pretrucci inaugurou uma imprensa dedicada a fazer livros de música – a imprimir livros com partituras. As pessoas passaram a presentear umas às outras, em festividades importantes, com livros e partituras musicais.

As artes ganharam um lugar especial no período renascentista. Todo homem considerado educado se dedicava ao estudo e às artes. Para isso, deveria saber tocar pelo menos dois instrumentos musicais, assim como ler partituras. Os artistas também saíram do anonimato. Começaram a assumir e assinar as suas criações, o que aconteceu pela primeira vez na história das artes. Michelangelo, Leonardo da Vinci, Sandro Botticelli, Rafael Sanzio são grandes artistas dessa época.

O nascimento de Vênus. Sandro Botticelli. 1482. 172,5 cm × 278,5 cm. Obra simbólica do período renascentista.

Na música sacra, aquela que acontecia na igreja, destacaram-se dois modos de fazer música: os motetos e as missas e os corais.

Detalhe da obra *O altar de Ghent* (painel Anjos cantores – 161 cm × 69,3 cm). Século XV, c. 1430. Jan van Eick.

Os motetos e as missas eram marcados por imitação. Um grupo de pessoas que cantava (coro ou coral), divididas em vozes, executava-a da seguinte forma: uma voz iniciava um trecho melódico, que, imediatamente, era repetido ou copiado por outra voz. Josquin des Prez (Holanda) e Giovanni Palestrina (Itália) tornaram-se os mais conhecidos compositores dessa forma musical.

Outro modo de fazer música naquela época eram os corais alemães. Oriundos da Igreja Protestante, liderada por Lutero, os corais eram melodias populares adaptadas, fáceis de serem cantadas pelas pessoas, pois o faziam em sua própria língua, o alemão.

Paralelamente à música sacra, houve o florescimento das canções populares, variadas em estilo e expressando todo tipo de emoção e estado de espírito, o espírito do homem renascentista. Nessa modalidade encontra-se o madrigal italiano, o *Lied* alemão, o *villancico* espanhol e a canção francesa.

Os instrumentos renascentistas eram o alaúde, as violas, o cromorne, o cervelato, a sacabuxa e o trompete.

Michael Praetorius. Ilustrações da obra *Syntagma Musicum* (1618)

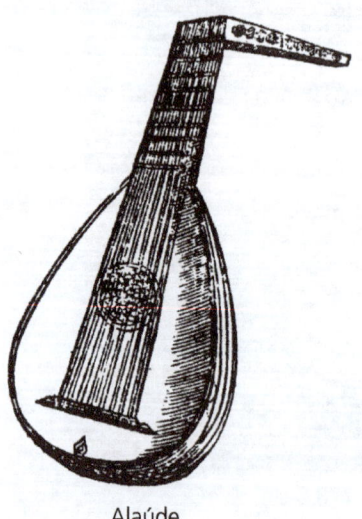
Alaúde

Viola

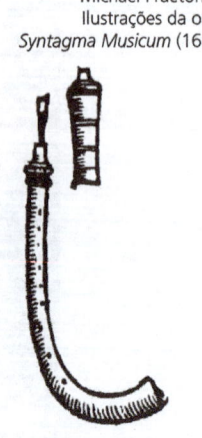
Cromorne

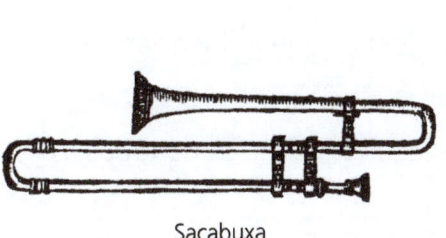  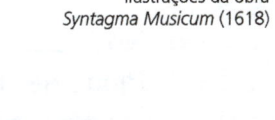 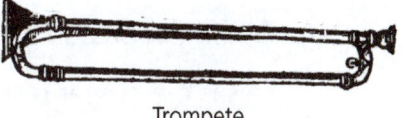

Michael Praetorius. Ilustrações da obra *Syntagma Musicum* (1618)

Sacabuxa   Cervelato   Trompete

No Brasil recém-descoberto, a colonização iniciou-se a partir de 1530. Pouco depois, os padres jesuítas foram convidados a vir ao Brasil e fundaram as primeiras escolas para catequizar os índios. Assim, a música, nesses primeiros tempos, era ensinada pelos jesuítas aos índios e, depois, aos negros e tinha como objetivo transmitir a cultura dos portugueses, os costumes, a religião, os valores etc.

Ainda hoje é possível encontrar grupos musicais que se dedicam a fazer música renascentista, utilizando inclusive instrumentos iguais aos da época. Podemos encontrar músicas principalmente da Renascença italiana, inglesa e espanhola.

VAMOS PESQUISAR

1. Pesquise, com auxílio do professor, algumas invenções e descobertas feitas no período renascentista, especialmente entre os anos de 1450 e 1600. Descreva como influenciaram a vida da época e a sua importância para os dias atuais. Escolha uma dessas invenções e registre a seguir as informações que obteve sobre ela.

_____
_____
_____
_____
_____
_____
_____
_____
_____

2 Procure e circule as palavras no caça-palavras e complete as frases com elas.

a) No _____ surgiram novas ideias, que influenciaram o modo de vida das pessoas.

b) O homem passou a ser o _____ e a _____ de todas as coisas e a buscar respostas para muitas questões.

c) Nesse período, uma das principais _____ foi a _____, que permitiu imprimir livros em maior quantidade.

d) Época das _____ descobertas. Cabral _____ ao _____.

e) Na música sacra havia dois modos de fazer música: os _____ e as _____ e os _____.

f) Houve um florescimento da música popular. Nessa modalidade encontra-se o _____ italiano, o _____ alemão, o _____ espanhol e a _____ francesa.

M	O	R	G	U	O	C	I	N	V	E	N	Ç	Õ	E	S	R
V	Y	E	T	I	C	A	M	P	G	R	A	N	D	E	S	A
I	Ç	N	E	B	O	N	P	R	W	Y	U	O	P	L	E	C
L	S	A	B	E	R	Ç	R	E	B	R	A	S	I	L	S	I
L	O	S	D	F	A	Ã	E	N	U	K	L	O	G	I	M	O
A	J	C	W	P	I	O	S	C	H	E	G	O	U	E	I	N
N	C	I	F	O	S	W	S	L	U	I	P	Q	E	D	S	A
C	A	M	R	H	U	M	A	R	A	Z	Ã	O	K	G	S	L
I	C	E	N	T	R	O	Q	L	P	E	C	M	A	P	A	O
C	U	N	S	M	O	T	E	T	O	S	A	B	E	F	S	S
O	I	T	F	L	U	E	N	C	I	A	R	A	M	T	H	M
R	K	O	U	L	A	T	I	P	O	G	R	A	F	I	A	O
A	L	F	T	U	M	A	D	R	I	G	A	L	J	U	P	I

LIÇÃO 4

LIÇÃO 5

Notação musical: a pauta ou pentagrama

A música, assim como a matemática ou a língua portuguesa, tem uma forma própria de linguagem escrita: a escrita musical. Usamos a pauta ou pentagrama para escrever a clave, as notas, os diferentes acidentes ou alterações, a fórmula de compasso etc.

Quando os primeiros registros da escrita musical foram feitos, não havia a indicação exata dos sons que o músico deveria executar. Assim, cada músico podia entender da sua forma, não havia um sentido único, como acontece hoje. Uma música para flauta, por exemplo, poderia ser tocada por vários flautistas, mas, certamente, cada um o faria da sua maneira, pois não havia uma indicação exata. Nessa época os músicos utilizavam uma notação chamada neuma.

Essas primeiras notações musicais, os neumas, foram os sinais convencionados para ler e escrever a música na Idade Média. Eles indicavam apenas a direção do som: agudo ou grave. Por essa razão, sua leitura não era exata e dava margem a erros de execução.

Alguns teóricos tiveram a ideia de traçar linhas como ponto de referência. Primeiro uma linha de cor vermelha, depois duas de cor amarela, às quais se atribuíam sons fixos, indicados pelas letras maiúsculas colocadas no início da linha. A letra **F** indicava que a nota naquela linha seria o **fá**, o **C** indicava que seria a nota **dó**. Entre as duas linhas colocavam-se os sons intermediários.

Exemplo da escrita usando neumas, muito utilizados no canto gregoriano.

Quem usou e aplicou de modo sistemático as linhas e os espaços na pauta foi Guido d'Arezzo, que colocou os neumas sobre um sistema de quatro linhas. Hoje usamos cinco linhas, porém os livros de canto gregoriano conservam a notação sobre quatro linhas.

Muitos teóricos antigos chegaram a combinar dois pentagramas e colocaram as notas numa pauta de onze linhas e dez espaços. Mas ler música em uma pauta de dez linhas não era nada fácil, então, consolidou-se o uso da pauta ou pentagrama com cinco linhas e quatro espaços.

Pauta ou pentagrama é o conjunto de cinco linhas e quatro espaços em que são escritos os sons e que chamamos de notas. Contamos os espaços e as linhas de baixo para cima, na seguinte sequência: 1ª linha, 1º espaço, 2ª linha, 2º espaço, 3ª linha, 3º espaço, 4ª linha, 4º espaço, 5ª linha.

Adaptado de Elce Pannain. *Evolução da teoria musical*. 1. ed. São Paulo: Ricordi, 1975.

1 Indique os espaços e as linhas na pauta a seguir.

2 As notas, na pauta ou no pentagrama, devem ficar nos lugares exatos: ou as escrevemos nas linhas ou nos espaços. Registre as notas, no espaço ou na linha, segundo a indicação.

LIÇÃO 5

3 Escreva as notas conforme indicado, na linha (L) ou no espaço (E).

```
_____
_____
_____
_____
_____
```

2ªL 3ºE 5ªL 1ªL 4ºE 3ºE 1ªL 1ºE 2ªL 5ªL 4ºE 3ªL 1ªL 1ºE 2ªL

```
_____
_____
_____
_____
_____
```

2ªL 1ªL 1ºE 3ªL 1ªL 1ªL 4ºE 1ºE 5ªL 4ºE 3ºE 5ªL 2ªL 3ºE 2ªL

De acordo com sua localização na pauta, as notas musicais indicam se os sons são agudos ou graves. Escrevemos os sons graves na parte inferior da pauta e os agudos, na parte superior.

Você sabe o que são sons agudos e graves? Ao nosso redor há vários exemplos desses sons. O canto do passarinho, o apito do guarda de trânsito ou o grito das crianças são sons agudos. Já o som de um trovão, de um motor de ônibus ou de uma voz masculina são sons graves.

4 Ouça os sons de vários objetos, animais ou eventos da natureza. Registre a seguir os sons que você ouviu e classifique-os como agudos ou graves.

a) _____ b) _____

c) _____ d) _____

e) _____ f) _____

g) _____ h) _____

i) _____ j) _____

O homem, desde os primeiros tempos, criou instrumentos musicais que imitavam os sons à sua volta. Naquela época, eram os sons da natureza e os sons dos animais.

Há registro de pesquisadores que encontraram as primeiras flautas feitas com ossos. Acredita-se que os primeiros sons feitos com elas imitavam o som de pássaros.

LIÇÃO 5

Os tambores eram feitos com pedaços de árvore e pele de animais e tinham a intenção de imitar o som dos trovões. Dessa forma, os instrumentos musicais passaram a emitir sons graves e agudos, os sons do cotidiano do homem daquela época.

Os nossos instrumentos musicais são fruto de uma evolução que começou naquela época. No entanto, continuam produzindo grande diversidade de sons, com alturas diferentes.

5 Vamos ouvir uma sequência de quatro sons, que podem ser agudos ou graves. Classifique-os, utilizando A para agudo e G para grave.

a)
b)
c)
d)
e)

6 Agora vamos registrar os sons graves e agudos. Registre os sons graves nas primeiras linhas e os agudos, da terceira linha para cima.

Sons graves   **Sons agudos**

Escolha dois sons: um grave e outro agudo. Ouça os trechos musicais e registre-os usando a notação musical.

a)
b)
c)
d)
e)
f)

LIÇÃO 5

7 Podemos registrar na pauta as notas que já aprendemos na lição 3, as semínimas e as colcheias. Usamos as linhas inferiores para os sons graves e as linhas superiores para os sons agudos. Ouça os trechos rítmicos e faça o registro.

Sons graves **Sons agudos**

a)

b)

c)

d)

e)

f)

8 Os sons graves e agudos podem ser combinados com a colcheia e com a semínima. Ouça os trechos musicais e registre-os na pauta de maneira correta: os sons graves nas linhas inferiores, e os sons agudos nas linhas superiores. Não esqueça de usar colcheias e semínimas. Cuidado com a posição da escrita das hastes das notas.

a)

b)

c)

d)

e)

f)

LIÇÃO 5

LIÇÃO 6

História da música: música barroca

O período barroco aconteceu do ano de 1600 até 1750, que vai desde o surgimento da ópera, criada pelo compositor Claudio Monteverdi, na Itália, até a morte do grande compositor, Johann Sebastian Bach, na Alemanha.

Claudio Monteverdi. Bernardo Strozzi. 1640. Óleo sobre tela.

Johann Sebastian Bach. Johann Jakob Ihle. 1720. Óleo sobre tela.

O barroco foi marcado por grandes transformações na vida das pessoas, nas cidades, na economia dos países e nas artes.

O período anterior, o Renascimento, como vimos, foi marcado por grandes descobertas. O "Novo Mundo", como era conhecida a América, foi descoberto e colonizado pelos europeus. As colônias geravam a riqueza de muitos países do "Velho Mundo", a Europa.

A vida mais rica e luxuosa das cortes europeias fez com que reis, rainhas, príncipes e membros da nobreza passassem a conviver com artistas (pintores) e músicos, especialmente nas cerimônias e festas que aconteciam nos palácios. Os músicos começaram a ser contratados, e os melhores da época eram muito disputados.

Nesse período surgiram as academias e escolas de artes e música na Europa. O ensino das artes – pintura, música, escultura etc. – foi muito incentivado.

Construíram-se palácios e igrejas no estilo barroco, com muitas curvas, enfeites, pinturas douradas, expressando muita grandiosidade e riqueza.

Na França, com o surgimento de teatros, salas dedicadas especialmente para apresentações, ocorreram as primeiras exibições de balé.

A música, no período barroco, tornou-se muito instrumental, ou seja, valorizou-se a música tocada somente por instrumentos. Nos períodos anteriores, a música cantada, vocal, predominava.

Os compositores começaram a se interessar pelo som (timbre) de cada instrumento. Aquele que mais teve destaque, nesse período, foi o violino. Nessa época viveu o famoso Antônio Stradivarius, considerado o construtor de violinos perfeitos. Muitos de seus violinos existem até hoje e valem uma verdadeira fortuna.

A ópera também surgiu nesse período, com o compositor Claudio Monteverdi, na cidade de Florença, na Itália. Na ópera há uma história, um cenário, personagens, figurinos, mas, ao invés de as pessoas falarem os textos, elas cantam, acompanhadas por uma orquestra. Por isso, começou a se desenvolver o estudo do canto, utilizado até hoje na ópera. A partir desse período, muitos compositores escreveram óperas e, conforme o tempo foi passando, o modo de fazer música foi se modificando. Os compositores passaram a escrever óperas com histórias, músicas e harmonias diferentes.

Como os compositores começaram a dar mais atenção ao som (timbre) dos instrumentos e mais importância à música tocada do que à cantada, começaram a se formar as primeiras orquestras somente com instrumentos de cordas: violino, viola, violoncelo e contrabaixo. Estes instrumentos eram a base da orquestra barroca; poucos instrumentos de sopro integravam o grupo. O cravo, instrumento de corda que deu origem, séculos mais tarde, ao piano, fazia o acompanhamento da orquestra. Atualmente, é possível encontrar orquestras dedicadas ao estudo e à execução de músicas do período barroco.

No período barroco, vários compositores se destacaram e suas obras são muito executadas por músicos e orquestras ainda hoje. Vivaldi, Haendel e Bach são os principais compositores dessa época.

Retrato de Antonio Vivaldi.
Autor desconhecido, 1723
Óleo sobre tela.

Retrato de Georg Friedrich Haendel.
Obra atribuída a Balthasar Denner, c. 1726. Óleo sobre tela.

National Gallery, Londres (Inglaterra)

A música barroca é muito marcante, vibrante e polifônica, porque uma voz é tocada por um instrumento e logo em seguida imitada por outros; muitas linhas melódicas se cruzam e se sobrepõem umas às outras.

1 O compositor Johann Sebastian Bach foi um dos grandes compositores da música barroca. Ele compunha músicas para várias ocasiões, desde concertos, festas e bailes no castelo até cantatas e corais para as atividades religiosas. Ouça duas músicas e registre, através de desenho, as ocasiões em que possivelmente eram tocadas.

1

2

LIÇÃO 6

Clave de sol

Clave é um sinal colocado no início da pauta ou pentagrama. Indica a posição exata de uma nota na pauta, determinando assim o lugar das demais.

Existem três diferentes claves: clave de fá, clave de dó e clave de sol. As claves de fá e de dó podem ser usadas em diferentes linhas: clave de fá na 3ª e na 4ª linhas, clave de dó na 2ª, 3ª e 4ª linhas. A clave de sol, que utilizamos para ler as partituras para flauta doce soprano, fica na 2ª linha.

As claves mais usadas atualmente são: clave de sol na 2ª linha e a clave de fá na 4ª linha.

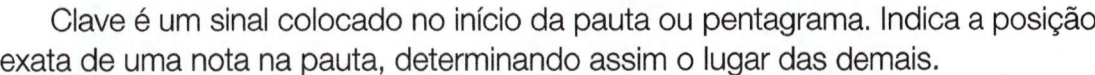

O sinal gráfico das claves originou-se das letras alfabéticas, que representam seus nomes na notação musical: a clave de **fá** da letra **F**, a clave de **dó** da letra **C** e a clave de **sol** da letra **G**. Ainda hoje se utilizam letras para indicar as cifras, usadas para tocar violão, guitarra e teclado.

Desenhamos a clave de sol iniciando no centro.

A partir do centro, desenhe as suas claves de sol.

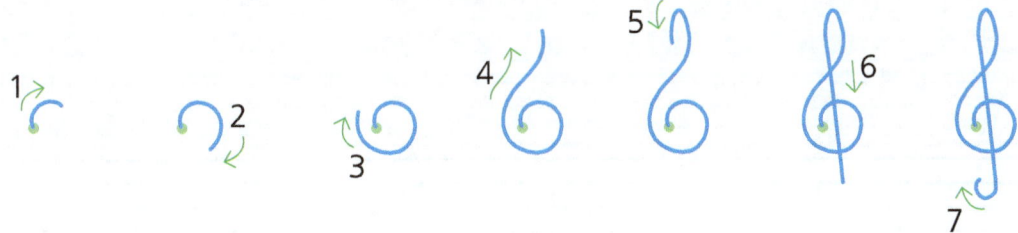

1 Desenhe a clave de sol em diferentes tamanhos. Use o traçado corretamente.

2 Desenhe a clave de sol nas pautas, na posição correta. Observe que iniciamos a escrita na segunda linha.

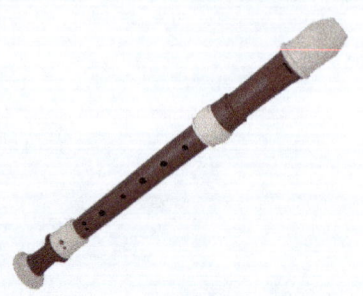

LIÇÃO 7

3 Você conhece o nome das notas musicais? Escreva-os a seguir, nas sequência.

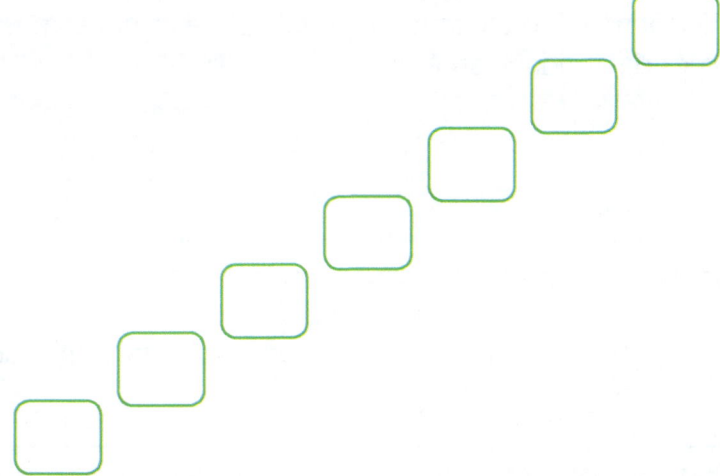

A clave de sol determina onde as notas musicais se localizarão na pauta. Vimos na atividade anterior que a escrita da clave de sol inicia na segunda linha. Assim, a nota que fica nessa linha terá o nome da clave – sol. As demais notas serão dispostas na linha e no espaço, segundo a sequência dos seus nomes. Veja como fica:

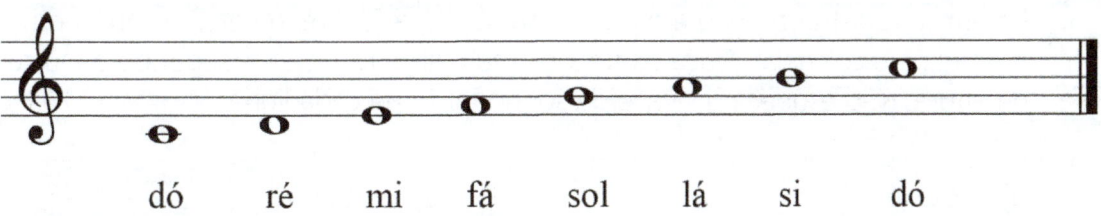

a) Registre o nome das notas musicais, observando a sua localização na pauta. Escreva no início da pauta a clave de sol, a seguir escolha uma cor para cada nota musical e pinte-a.

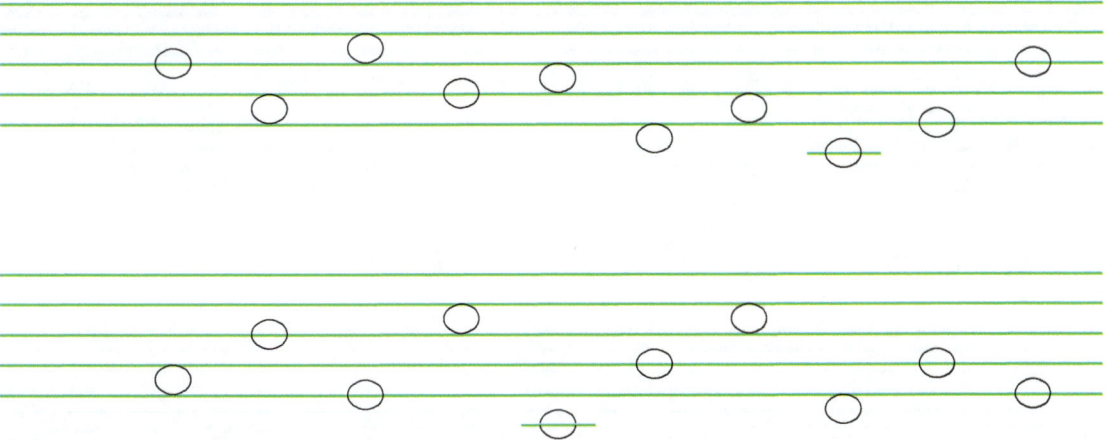

LIÇÃO 7

b) Registre as notas musicais segundo a sua localização na pauta. Lembre-se de que você terá dois dós, um grave (dó) e outro agudo (escrito dó*). Coloque a clave de sol no início da pauta. A seguir, pinte as notas musicais, seguindo as instruções da atividade anterior.

sol   mi   ré   si   lá   fá   dó   sol   fá   mi   sol   dó*   lá   ré

dó*   sol   lá   ré   dó   mi   sol   si   fá   ré   lá   si   dó   ré   si

4 Podemos registrar na pauta os sons com a altura (dó, ré, mi etc.) e com o ritmo (semínima e colcheia). Ouça os trechos musicais e registre-os segundo a indicação da altura. Não esqueça da clave de sol no início de cada linha.

a) nota lá

b) nota mi

c) nota dó*

d) nota fá

e) nota ré

f) nota si

LIÇÃO 7

LIÇÃO 8

História da música: música clássica

O período clássico durou de 1750, ano da morte do compositor Bach, até 1810. Foi um período curto, mas com grandes transformações no modo de fazer música. Um dos compositores mais conhecidos desse período é Wolfgang Amadeus Mozart.

Retrato póstumo de Wolfgang Amadeus Mozart. Barbara Krafft. 1819.

Nesse período, a razão, a lógica e o conhecimento influenciaram a vida das pessoas. Em 1772 foi publicada a Enciclopédia (*Encyclopédie*), obra com 28 volumes, escrita por grandes nomes da época, como D'Alembert, Diderot, Rousseau, Voltaire, Montesquieu e outros colaboradores ilustres. A circulação de livros e o acesso ao conhecimento ainda eram limitados, e esses autores tentaram registrar todo o conhecimento de então. Foi um fato extraordinário.

Assim, o desejo de organizar, sistematizar e catalogar o conhecimento foi uma das principais manifestações do pensamento classicista. Desenvolveram-se, então, regras na composição musical, na literatura e na pintura. Músicos, artistas, escritores discutiam a melhor maneira de expressar a sua arte, e com isso foram desenvolvendo regras sobre como compor música, escrever uma poesia e realizar uma pintura.

Nessa época foi inventado o tear mecânico, máquina que tecia fios, criando os tecidos utilizados na confecção de roupas. Com mais demanda por tecidos, surgiram muitas fábricas, dando origem a indústria têxtil. Também foi inventada a máquina a vapor, utilizada em locomotivas (trens) e em navios. Esse conjunto de fatos foi chamado de Revolução Industrial e ocorreu na Inglaterra.

Com essas inovações, houve grandes mudanças na vida das pessoas. Muitas saíram do campo para morar nas cidades, buscando trabalho no lugar que era a grande novidade na época: as fábricas.

A música instrumental tornou-se muito popular. O uso de regras na composição musical foi uma das características do período clássico. Assim como em outros modos de fazer arte, os músicos começaram a catalogar as suas músicas, isto é, começaram a organizar, sistematizar, registrar em uma ordem todas as composições musicais que faziam. Graças a isso, hoje temos acesso a uma infinidade de informações sobre a música composta naquela época e mesmo anteriormente a ela.

No período barroco, os músicos eram contratados pelas cortes. O acesso à música era somente para pessoas que participavam dela: reis, rainhas, príncipes e nobres. No período clássico, com a popularização dos concertos públicos em teatros, os músicos passaram a receber dinheiro pelas suas apresentações e pela publicação das suas músicas. A população em geral começou a ter acesso à música. Qualquer pessoa podia comprar o seu ingresso e ir ao teatro ouvir a música de sua preferência.

O piano também surgiu no período clássico. Um fabricante italiano de cravo chamado Bartolomeo Cristofori transformou o mecanismo do cravo de pinçar as cordas por martelos que batiam nas cordas, modificando a qualidade do som. Assim surgiu o piano.

Cravo

Piano

Surgiram nessa época a sinfonia e o concerto. A sinfonia é a música tocada sempre pela orquestra toda, com longa duração e dividida em partes chamada movimento. O concerto é uma composição musical em que um instrumento solista é acompanhado por uma orquestra. Os instrumentos solistas podem ser o piano, o violino, o violoncelo, o clarinete e a flauta. Por isso fala-se em concerto para piano e orquestra. Isto significa que ocorre uma "conversa" entre a orquestra e o instrumento solista, o piano.

A orquestra toda reunida para tocar a *Sinfonia nº 4*, de Witold Lutosławski. Orquestra Juilliard, sob a regência de Jeffrey Milarsky. Nova York, 2013.

O solista Leonidas Kavakos interpreta o *Concerto nº 2 para violino*, de Karol Szymanowski, com a Orquestra da Filadélfia, regida por Yannick Nezet-Seguin. Nova York, 2013.

Os compositores mais famosos e conhecidos do período clássico são Mozart e Haydn. Ainda hoje músicos e orquestras dedicam-se a tocar as obras desses compositores.

Beethoven começou a compor nesse período, mas, a maior parte de suas obras é do período romântico. Ele é considerado um compositor de transição entre o clássico e o romântico, o próximo período da música.

Retrato de Joseph Haydn. Thomas Hardy. 1791. Óleo sobre tela, 76,5 × 63,5 cm.

VAMOS PESQUISAR

1. Livro dos compositores

Reúna-se com o seu grupo. Escolham, pesquisem e escrevam um livrinho sobre um dos compositores famosos desse período: Mozart e Haydn. Após compartilhar com a turma o trabalho, vocês poderão deixar o livro disponível para que seus colegas possam lê-lo também.

Roteiro do livro: nome do compositor, data de nascimento e morte, fatos importantes da sua vida e do estudo da música, principais composições.

2 Complete as frases, retirando as informações do texto. Depois, use-as para completar a cruzadinha.

1. O período clássico foi marcado por grandes transformações no modo de fazer _____.

2. Nesse período, a razão, a lógica e o conhecimento _____ a vida das pessoas.

3. Em 1772 foi publicada a Enciclopédia (*Encyclopédie*), obra com 28 _____.

4. Foi fruto do desejo de organizar, _____ e catalogar.

5. O _____ foi uma das principais manifestações do pensamento classicista.

6. Desenvolveram-se _____ para a composição musical, a literatura e a pintura.

7. Nessa época surgiram várias invenções. Uma delas foi o tear _____, uma máquina que tecia fios, criando os tecidos utilizados na confecção de roupas.

8. Também foi inventada a máquina a vapor, utilizada em _____ (trens) e navios.

9. Esse conjunto de _____ foi chamado de Revolução Industrial.

10. A música _____ (tocada por instrumentos) tornou-se muito popular.

11. Os _____ começaram a catalogar as suas músicas.

12. O _____ surgiu também no período clássico.

13. Surgiram nessa época o _____

14. e a _____.

LIÇÃO 8

1. M☐☐☐☐☐☐
2. ☐☐☐☐☐U☐☐☐☐☐☐☐☐
3. ☐☐☐☐☐☐S
4. ☐☐☐I☐☐☐☐☐☐☐☐☐☐☐☐
5. ☐☐☐☐☐☐C☐☐☐☐☐
6. ☐☐☐☐☐A☐
7. ☐☐☐C☐☐☐☐☐
8. ☐L☐☐☐☐☐☐☐☐☐☐☐
9. ☐A☐☐☐
10. ☐☐☐S☐☐☐☐☐☐☐☐☐☐
11. ☐☐☐S☐☐☐
12. ☐☐I☐☐☐
13. ☐☐☐☐C☐☐☐☐
14. ☐☐☐☐☐☐A

3 Duas formas musicais foram bastante usadas no período clássico: a sinfonia e o concerto. Procure no texto, sublinhe e escreva a seguir o que são a sinfonia e o concerto.

- Sinfonia

_____

_____

- Concerto

_____

_____

LIÇÃO 8

LIÇÃO 9

A melodia

Em lições anteriores, vimos que é possível combinar os sons das notas musicais (dó, ré, mi etc.) com as notas que representam o ritmo (colcheia e semínima). Dessa combinação surgem as melodias. Chamamos de **melodia** a organização e a combinação de diferentes alturas na música. Portanto, para fazer uma melodia, precisamos utilizar sons de diferentes alturas e organizá-los de maneira que produzam uma música.

Os instrumentos musicais produzem diferentes alturas de som. Um músico lê em uma partitura a nota musical e a altura do som que deve soar no instrumento. Cada nota musical da pauta tem um som correspondente no instrumento. Em um piano ou teclado, cada tecla, quando tocada pelo músico, produz um som diferente, revelando que há dezenas de alturas diferentes.

Observe a partitura da música a seguir. As notas dispostas representam os sons da melodia. Se escritas na região superior da pauta, os sons são agudos; se escritas na parte inferior, são graves.

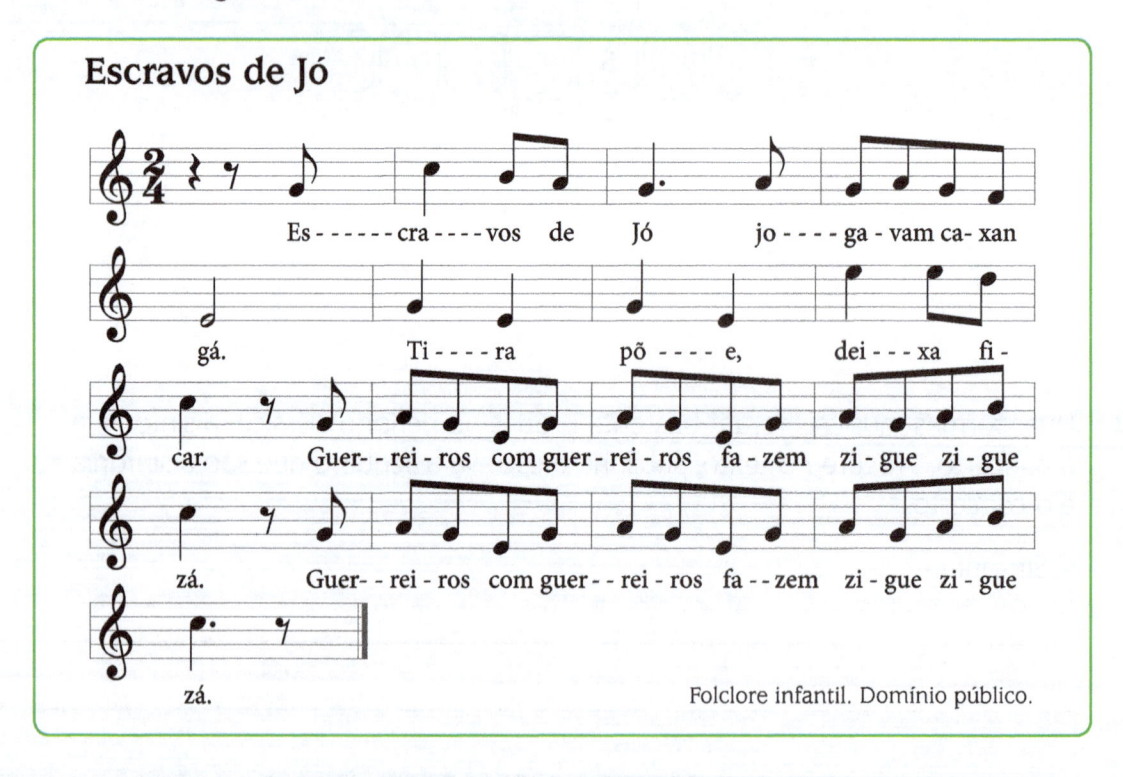

Escravos de Jó

Es ------ cra ---- vos de Jó jo ---- ga - vam ca - xan - gá. Ti ---- ra põ ---- e, dei - xa fi - car. Guer - - rei - ros com guer - - rei - ros fa - zem zi - gue zi - gue zá. Guer - - rei - ros com guer - - rei - ros fa - zem zi - gue zi - gue zá.

Folclore infantil. Domínio público.

1 Você lembra a localização das notas musicais? Releia a partitura da música *Escravos de Jó*. Circule e pinte nela as notas sol, lá, si e dó (agudo). Escolha uma cor diferente para cada uma delas. Depois, pinte a legenda com as cores que você usou.

Legenda de cores

☐ sol   ☐ lá   ☐ si   ☐ dó (agudo)

2 Nessa partitura também aparecem as figuras de valor que formam o ritmo da música. Vamos executá-las com palmas e de outras maneiras: com percussão corporal, com instrumentos etc.

3 Observe o trecho musical a seguir.

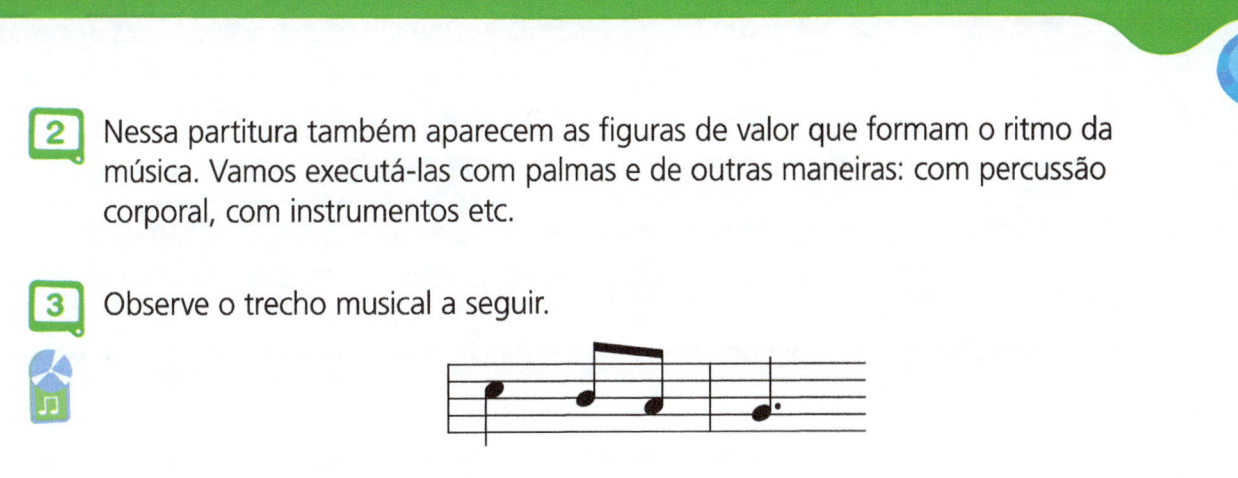

a) Localize-o na partitura da música *Escravos de Jó* e pinte-o.

b) Considerando os sons graves e agudos, em que altura inicia esse trecho musical? _____

c) Em que altura termina esse trecho musical? _____

4 Volte à partitura, procure e pinte com cores diferentes trechos musicais com sons ascendentes e descendentes, conforme o conceito exposto a seguir.

> Chamamos de **sons descendentes** aqueles que iniciam em sons agudos e terminam em sons graves.
>
> Chamamos de **sons ascendentes** aqueles que iniciam em sons graves e terminam em sons agudos.

5 Vamos rever a percepção musical de sons graves e agudos? Escreva trechos com quatro sons na partitura. No caso dos sons agudos, registre-os como dó* (agudo) e no dos sons graves, como fá.

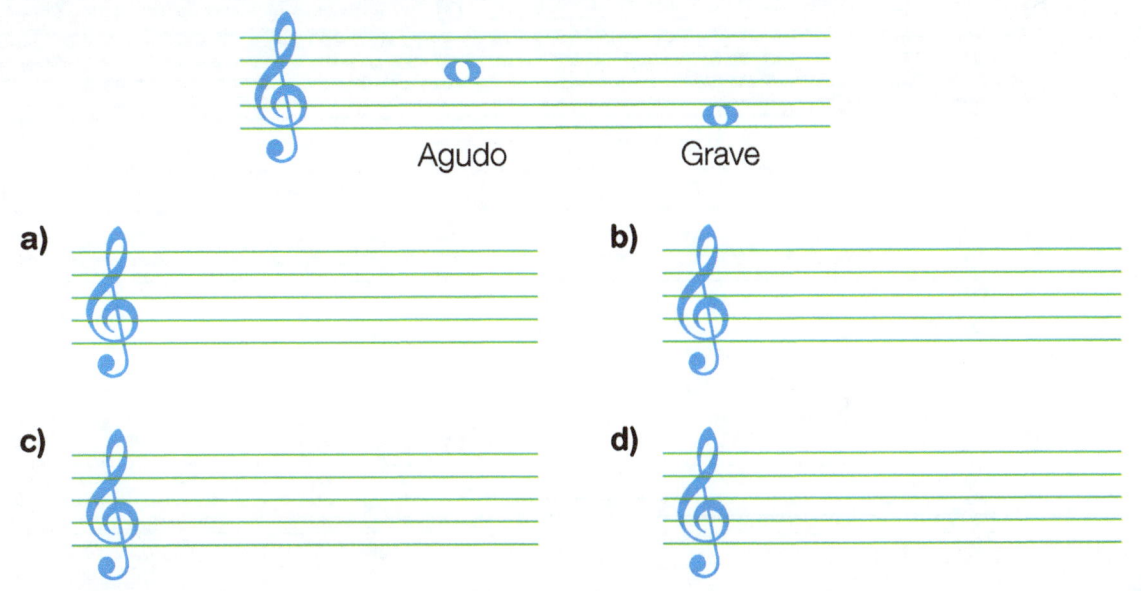

Agudo   Grave

a)

b)

c)

d)

e)

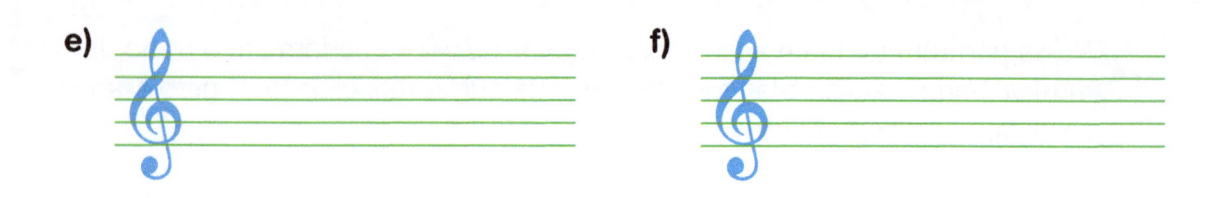

f)

6 Ouça os trechos musicais e numere-os na sequência que você ouviu com as notas si e sol.

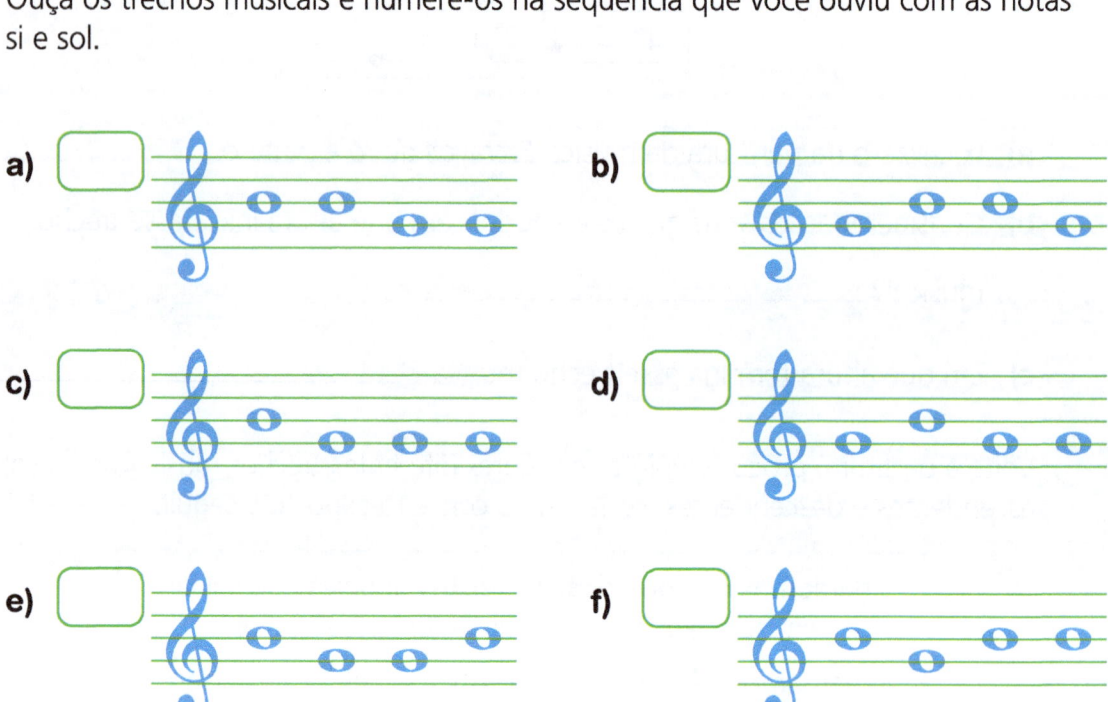

a)

b)

c)

d)

e)

f)

7 Registre os trechos musicais segundo a sua altura (notas si e sol) e a sua duração (semínima e colcheia).

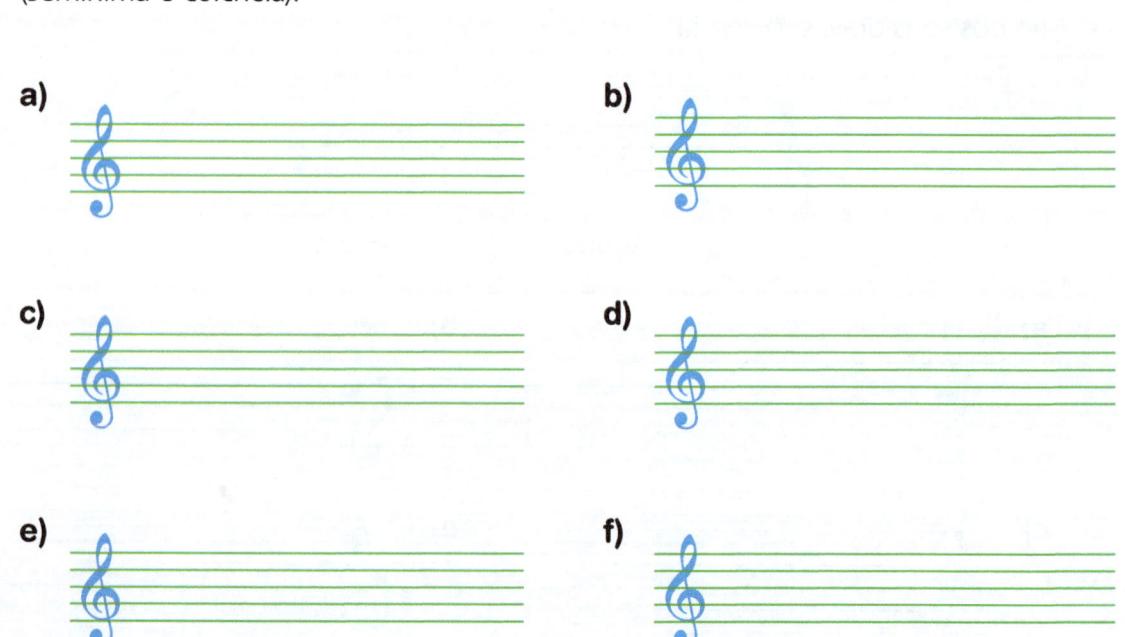

a)

b)

c)

d)

e)

f)

LIÇÃO 9

LIÇÃO 10

História da música: música romântica

O período romântico da música acontece de 1810 a 1910. É marcado pela liberdade de criação. Artistas, músicos, pintores, poetas voltam-se para os seus sentimentos e retratam-nos em suas obras.

Foi um período de grandes transformações na vida das pessoas. As viagens de uma cidade a outra, antes feitas a cavalo ou a pé passaram a ser realizadas de trem ou de carro. Longas viagens pelo mar passaram a acontecer em navios movidos a vapor. Anteriormente, os navios, equipados com velas, eram movidos pelo vento. Se não havia vento, podiam ficar dias parados em alto-mar, o que não acontecia com os navios movidos a vapor.

Na Europa, as pessoas passaram a morar e trabalhar nas cidades. E havia muitas novidades, tais como a fotografia, o gramofone (aparelho de som), a iluminação nas ruas à noite, a máquina de escrever, a máquina de costura e a bicicleta. Na Inglaterra, em 1840, foi criado o primeiro serviço de correios, copiado pelo mundo inteiro.

Foram construídos muitos teatros e salas de música, pois as pessoas das cidades queriam se divertir em concertos, óperas e nos mais diversos espetáculos.

Surgiram também as ideias de democracia. Até essa época, apenas reis e rainhas governavam os países. Com a democracia, as pessoas queriam escolher os seus governantes, como fazemos hoje. Assim, ocorreram muitos movimentos que lutavam pela independência de seus países, chamados de nacionalistas. O Brasil também teve o seu movimento, alcançando a Independência em 1822.

Na música, o movimento nacionalista inspirou compositores a escreverem músicas a partir da cultura e da música folclórica de seus países.

O artista, no romantismo, não precisava se basear em nenhum estilo ou regras especiais. Ele tinha a liberdade de criar de acordo com os seus sentimentos.

Retrato de Richard Wagner. César Willich, c. 1862. Óleo sobre tela, 64 × 34,6 cm.

Richard Wagner, compositor alemão, inspirou-se na cultura do Norte europeu e fez uma de suas principais obras, a ópera *As Valquírias*. Ao lado, a encenação de um trecho da ópera na França, em 2007.

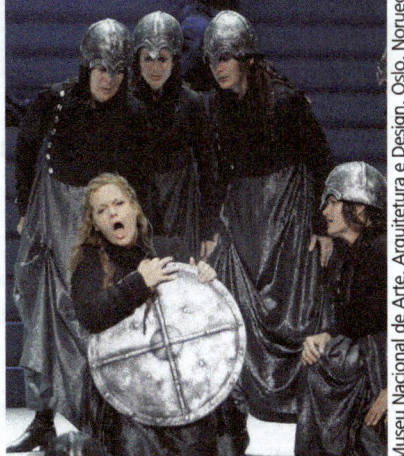

45

O artista colocava toda a sua emoção na obra. A sensibilidade, a imaginação e a inspiração passaram a ser os principais estímulos para ele. Os pintores se inspiraram muito na natureza para fazer as suas obras.

A literatura foi muito rica e abundante e influenciou bastante a música. Houve uma grande união entre a literatura e a música. A ópera e os musicais foram os grandes acontecimentos musicais da época. A ópera conta uma história com personagens, cenário, figurino etc. Os compositores foram buscar inspiração na literatura, nas histórias e poesias, para escrever as suas óperas.

Graças à liberdade para criar e compor, a variedade musical foi intensa. Quase todos os compositores escreveram música para piano, explorando sonoridade, texturas e técnica. Surgiram os músicos "virtuoses", aqueles com extrema habilidade técnica e talento, que tocam com rapidez muitas notas, escalas etc.

As orquestras aumentaram muito, tanto em número quanto na diversidade de instrumentos. Se antes as cordas formavam quase toda a orquestra, agora instrumentos da família das madeiras (flauta, fagote, oboé, clarinete), dos metais (trompa, trombone, trompete e tuba), bem como instrumentos da família da percussão (tímpano, caixa clara, triângulo, pratos etc.), passaram a fazer parte dela.

Os principais compositores dessa época são Beethoven, Chopin, Tchaikovsky, Shubert, Liszt, Wagner, Brahms, Strauss etc.

Chopin foi um dos maiores pianistas e compositores do período romântico. *Retrato de Frédéric Chopin*. Maria Wodzinska Gravura de 1836.

Partitura da modinha *Se Márcia visse os encantos*, de José de Souza Aragão, o Cazuzinha, compositor baiano da segunda metade do século XIX.

No Brasil, nessa época, surge a modinha portuguesa, o choro (ou chorinho) e a festa do carnaval.

1 Pesquise no texto e registre os inventos do período romântico que mudaram a vida das pessoas. Destaque aqueles que permanecem até os nossos dias.

LIÇÃO 10

2 Escolha um desses inventos e registre como ele mudou a vida das pessoas: como era antes dele e como passou a ser.

_____

_____

_____

3 Complete as frases com informações retiradas do texto.

a) No século XIX foram construídos muitos _____ e _____, pois as pessoas das cidades queriam se divertir em _____, _____ e nos mais diversos _____.

b) Surgiram também as ideias de _____. Até essa época, apenas _____ e _____ governavam os países. Com a democracia, as pessoas queriam _____ os próprios _____, como fazemos hoje.

c) Na música, o movimento _____ inspirou _____ _____ a escreverem _____ a partir da _____ e da _____ de seus _____.

d) No romantismo, o _____ colocava toda a sua _____ na obra. A _____, a _____ e a _____ passaram a serem os principais _____ para ele.

e) Graças à _____ para _____ e _____, a _____ foi _____, desde as obras _____ até as grandes _____.

LIÇÃO 10

47

LIÇÃO 11

Timbre: os instrumentos da orquestra

Orquestra é um conjunto organizado de instrumentos. Mais de um instrumentista toca cada parte da música, e todos juntos têm o objetivo de executar músicas.

Quando estudamos a história da música erudita, pudemos verificar que, em todos os momentos, a orquestra foi muito importante. Em cada período da história da música (barroca, clássico, romântico e contemporâneo), a orquestra teve uma formação diferente.

A orquestra teve início no século XVI, no período barroco, quando as cortes europeias começaram a contratar músicos para tocar em festividades que aconteciam em seus palácios. Assim, os instrumentos afins, ou parecidos, começaram a juntar-se no que chamamos hoje de família dos instrumentos ou naipe. Nesse período, o primeiro grupo que começou a tocar junto foi o naipe ou a família das cordas: violino, viola, violoncelo e contrabaixo. Por isso se diz que a orquestra barroca é à base de cordas. As orquestras eram acompanhadas por um instrumento que fazia o baixo contínuo: cravo ou órgão.

No período clássico, o oboé, o fagote, as flautas e a flauta transversal foram acrescentados à orquestra. Dependendo da música, adicionavam-se tímpanos, trompetes, trombones. Em 1790, uma orquestra era composta dos seguintes instrumentos: 23 violinos, 7 violas, 5 violoncelos, 7 contrabaixos, 5 flautas, 5 oboés, 2 clarinetes, 3 fagotes, 4 trompas, tímpanos e cravo.

No período romântico, as orquestras aumentaram muito de tamanho, chegando a ter 70 instrumentos. O flautim, o contrafagote, os trombones, o clarone, a tuba e a corneta de pistões foram introduzidos nessa época. Assim, as famílias das madeiras e dos metais tornaram-se mais presentes nesse período.

Na orquestra do século XX, houve um aumento muito grande no número e na quantidade de instrumentos de percussão. As orquestras também se diversificaram, sendo possível encontrar orquestras com formações específicas para tocar músicas do período barroco, clássico etc.

A orquestra é dividida em famílias ou naipes: das cordas, das madeiras, dos metais e da percussão. Veja a seguir os instrumentos que compõem cada família ou naipe.

CORDAS	MADEIRAS	METAIS	PERCUSSÃO	
Violino	Flauta transversal	Trompa	Tímpano	Pandeiro
Viola	Oboé	Trompete	Glockespiel	Bumbo
Violoncelo	Clarinete	Trombone	Xilofone	Vibrafone
Contrabaixo	Fagote	Tuba	Carrilhão	Metalofone
Harpa	Flautim	Bombardino	Caixa clara	Tam-Tam
Piano	Flauta doce	Clarim	Triângulo	Bloco sonoro
Cravo	Contrafagote		Pratos	Chocalho
	Clarone			

Cada família de instrumentos, na orquestra, assim como cada músico, tem um lugar específico, determinado pelo volume de som que os instrumentos produzem. Por exemplo: os instrumentos de percussão e a família dos metais (trompete, trombone, trompa e tuba) ficam na parte de trás, pois possuem um volume muito alto de som. Se estivessem na frente, teríamos dificuldade para ouvir os sons, por exemplo, da família das cordas.

Veja uma das formações possíveis de uma orquestra com vários naipes.

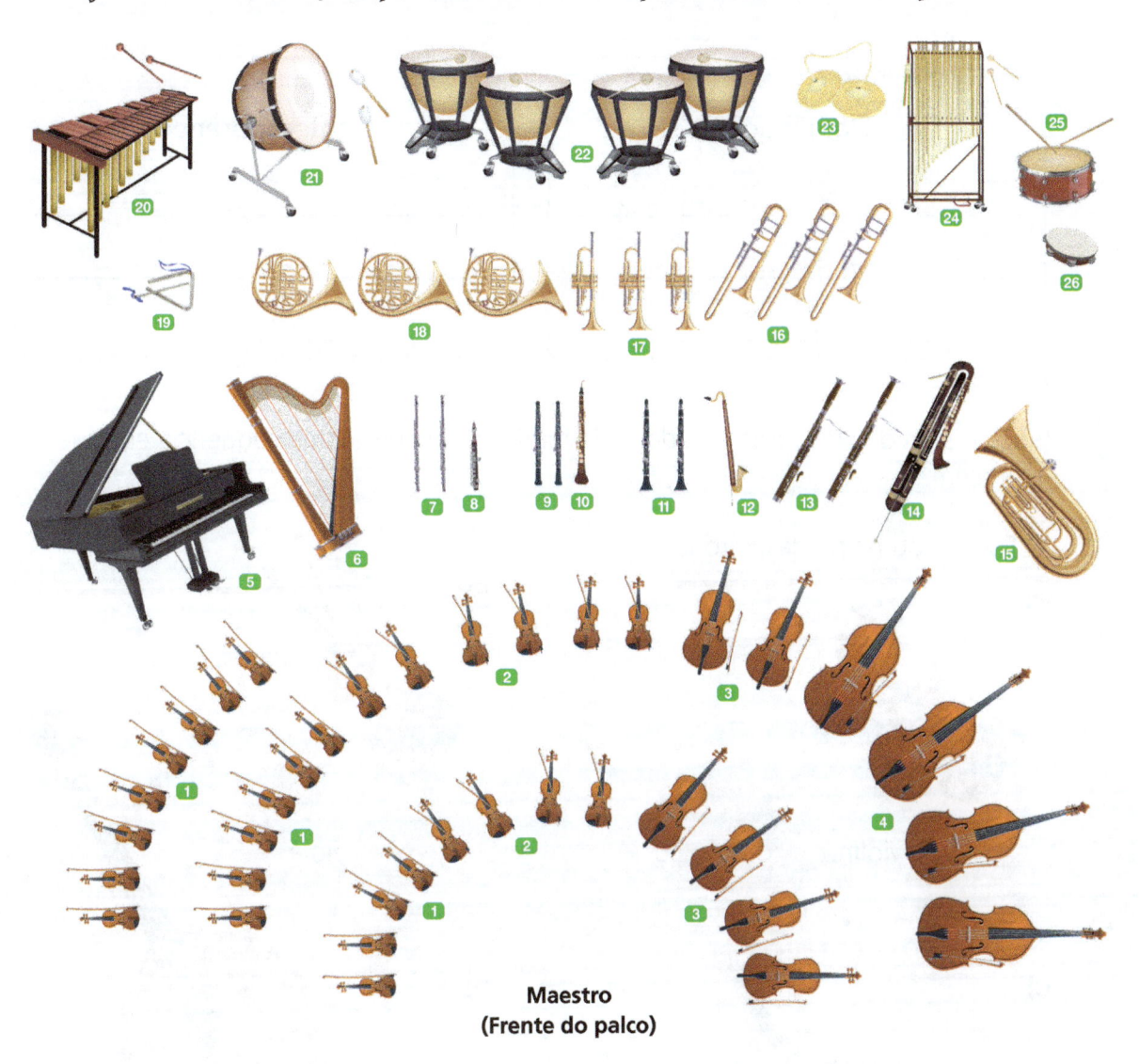

Maestro
(Frente do palco)

Família das cordas
1. Violino
2. Viola
3. Violoncelo
4. Contrabaixo
5. Piano
6. Harpa

Família das madeiras
7. Flauta transversal
8. Flautim
9. Oboé
10. Corne inglês
11. Clarinete
12. Clarinete alto
13. Fagote
14. Contrafagote

Família dos metais
15. Tuba
16. Trombone
17. Trompete
18. Trompa

Família da percussão
19. Triângulo
20. Marimba
21. Bumbo
22. Tímpano
23. Pratos
24. Carrilhão
25. Caixa clara
26. Pandeiro

Fonte: Texto adaptado de Corpo Escola de Dança.
Disponível em: < http://corpoescoladedanca.com/2010/05/ > . Acesso em: 11 jul. 2013.

1 Registre a seguir as características da orquestra nos seguintes períodos da música.

Barroco
_____
_____
_____

Clássico
_____
_____
_____

Romântico
_____
_____
_____

Contemporâneo
_____
_____
_____

2 Ouça o som dos instrumentos de cada família e numere-os na sequência em que aparecem.

- Família ou naipe das cordas

a) ☐ violino

b) ☐ viola

c) ☐ violoncelo

d) ☐ contrabaixo

LIÇÃO 11

- Família ou naipe dos metais

a) ☐ trompa

b) ☐ trompete

c) ☐ trombone

d) ☐ tuba

3 Os instrumentos musicais de cada família possuem características de timbres agudos ou graves. Por exemplo, na família das cordas, o violino tem timbre agudo e o violoncelo, timbre grave. Ouça o som dos instrumentos e assinale se são timbres com sons graves ou agudos.

a) ☐ Grave ☐ Agudo   e) ☐ Grave ☐ Agudo

b) ☐ Grave ☐ Agudo   f) ☐ Grave ☐ Agudo

c) ☐ Grave ☐ Agudo   g) ☐ Grave ☐ Agudo

d) ☐ Grave ☐ Agudo   h) ☐ Grave ☐ Agudo

LIÇÃO 11

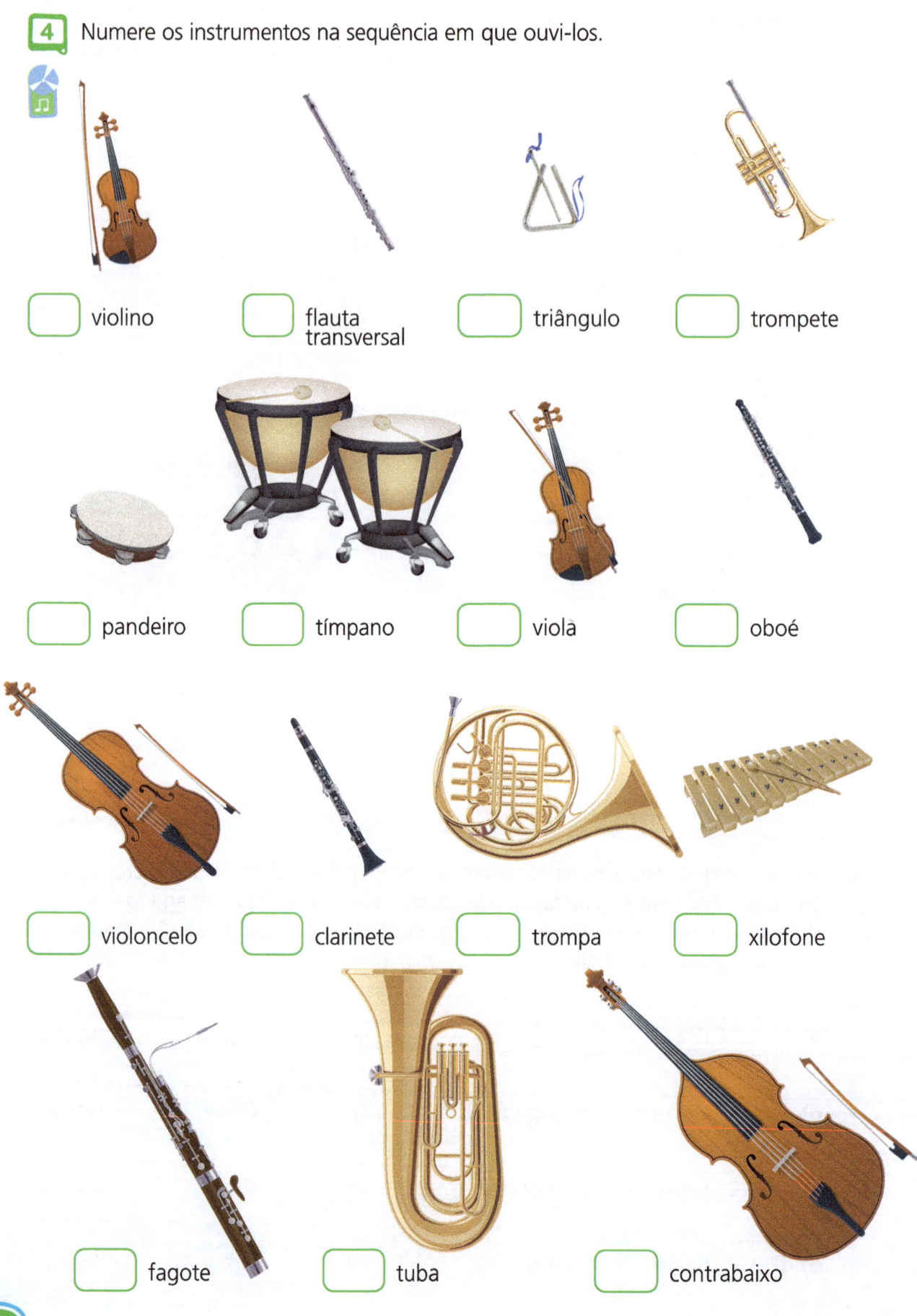

4 Numere os instrumentos na sequência em que ouvi-los.

☐ violino ☐ flauta transversal ☐ triângulo ☐ trompete

☐ pandeiro ☐ tímpano ☐ viola ☐ oboé

☐ violoncelo ☐ clarinete ☐ trompa ☐ xilofone

☐ fagote ☐ tuba ☐ contrabaixo

LIÇÃO 11

5 A seguir aparece uma lista com os nomes de vários instrumentos musicais. Classifique-os segundo as suas famílias.

Violino	Bombardino	Tímpano	Triângulo
Pandeiro	Tam-tam	Flauta transversal	Viola
Violoncelo	Fagote	Clarim	Oboé
Carrilhão	Pratos	Glockenspiel	Trompa
Clarone	Flauta doce	Contrabaixo	Vibrafone
Piano	Harpa	Caixa clara	Tuba
Trombone	Contrafagote	Clarinete	
Cravo	Bumbo	Xilofone	
Metalofone	Trompete	Flautim	

Família das cordas	Família das madeiras	Família dos metais	Família da percussão

6 Além dos instrumentos da orquestra, muitos outros instrumentos da música popular pertencem às famílias das cordas, das madeiras, dos metais e da percussão. Pesquise outros instrumentos pertencentes a cada família e registre-os no quadro.

Cordas	Madeiras	Percussão

LIÇÃO 11

LIÇÃO 12

História da música: música contemporânea

A música contemporânea também pode ser chamada de música moderna ou pós-moderna, e teve início no século XX (1901) e se estende até os nossos dias.

O século XX é marcado pelas maiores transformações que a humanidade já conheceu. Das viagens a cavalo ou a pé chegamos às viagens em foguetes espaciais. Carros, motos, ônibus são meios de transporte que transformaram a vida das pessoas.

Inventos derivados de grandes avanços em pesquisas científicas e tecnológicas transformaram o tratamento e a cura de doenças, permitindo maior longevidade às pessoas.

Os sistemas informatizados e de propagação da informação, tais como rádio, televisão e internet, mudaram radicalmente o dia a dia das pessoas.

Invenções simples ou complexas marcaram o século XX, desde o vestuário (a camiseta, o jeans, os óculos escuros, o tênis) até os aparelhos domésticos (a geladeira, o secador de cabelo, a escova de dentes de plástico, a máquina de lavar roupas, o micro-ondas e eletrodomésticos dos mais diversos tipos e utilidades). Mais recentemente, computadores e outros dispositivos eletrônicos de comunicação revolucionaram a comunicação pessoal e empresarial.

Na música, as gravações trouxeram a possibilidade de "guardar" os mais diversos sons, estilos, gêneros e formas de fazê-la. O ouvinte agora pode escolher quando e onde quer ouvir a sua música. Ela não está mais restrita ao teatro, à sala de concerto e às modernas casas de shows.

Se no romantismo valorizava-se a expressão pessoal do artista, na arte moderna (primeira metade do século XX, 1901-1950) e na arte pós-moderna (segunda metade do século XX – 1951 –, até os dias de hoje) a inovação e a criatividade passaram a ser muito valorizadas. A procura do artista será por uma expressão diferente de tudo o que já foi realizado. Na música, sons, acordes, texturas, timbres serão muito diferentes do que já foi composto. Não há regras ou forma musical a ser seguida. Qualquer som, ouvido em qualquer momento e em qualquer lugar, é material musical para uma obra. Sons das ruas, sons presentes no cotidiano das pessoas fazem parte de muitas composições.

Com o surgimento do cinema e da indústria do audiovisual (vídeo, televisão, propaganda), a música passou a atender as necessidades dessas produções, como as trilhas sonoras, as sonorizações e também a música de propaganda (*jingles* etc.).

A música popular aflorou em toda parte, com a divulgação de ritmos e músicas de todo o mundo: flamenco, tango, samba, *jazz*, *rock*, *reggae*, *rap* etc.

No Brasil, na música erudita, Villa-Lobos tornou-se um dos compositores mais conhecidos. Na música popular, muitos músicos se destacaram: Pixinguinha, Noel Rosa, Cartola, Tom Jobim, João Gilberto. Ocorreu um florescimento de compositores e músicos populares no Brasil.

Heitor Villa-Lobos, 1952.   Noel Rosa, c. 1930.   Tom Jobim, 1993.

Novos instrumentos musicais surgiram: guitarra, teclado (sintetizador), baixo elétrico, bem como aparelhos utilizados em produção e gravação de som: microfones, mesas informatizadas de áudio, amplificadores, cabos etc.

Assim, a música moderna e pós-moderna, tanto erudita quanto popular, podem ser encontradas nas mais diversas formas de expressão. Criatividade e inovação fazem parte do fazer musical.

1 Faça uma lista dos inventos do século XX (1901-2000) até os nossos dias. A seguir, em grupo, escreva um *rap* sobre o tema. Siga os seguintes passos.

- Escreva em forma de poesia a sua música. Procure fazer estrofes com o mesmo número de versos, que podem rimar.
- Após fazer a poesia, coloque o ritmo. O *rap* utiliza o ritmo da palavra para dar o ritmo à música.
- Escolha, então, um padrão de ritmo, segundo a sua poesia.
- Outra forma de fazer este trabalho é criar a poesia e a música ao mesmo tempo.

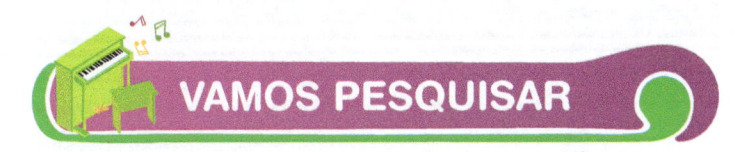

VAMOS PESQUISAR

2 **Pesquisando sobre a história do rádio.**
Pesquise na internet sobre a história do rádio. Produza com o seu grupo um livro sobre o tema.

3 Com a criação de instrumentos musicais eletrônicos e elétricos, assim como a possibilidade de gravação das músicas, surgiram diversos gêneros de música popular. Pesquise e registre em folha avulsa quais são eles.

Referências

BENNETT, Roy. *Uma breve história da música*. Rio de Janeiro: Zahar, 1986. (Cadernos de Música da Universidade de Cambrigde)

GROUT, D. J.; PALISCA, C. V. *História da música ocidental*. Tradução de Ana Luísa Faria. Lisboa: Gradiva, 1994.

LACERDA, Osvaldo. *Compêndio de teoria elementar da música*. 8. ed. São Paulo: Ricordi, 1966.

MIRANDA, Clarice; JUSTUS, Liana. *A música e sua relação com outras artes*. Curitiba: Expoente, 2010. v. I. (Coleção História da Música)

PANNAIN, Elce. *Evolução da teoria musical*. 1. ed. São Paulo: Ricordi, 1975.

SADIE, S. (Ed.). *Dicionário Grove de música*. Tradução de Eduardo Francisco Alves. Rio de Janeiro: Jorge Zahar, 1994.

Sugestões de leitura

Coleção crianças famosas: Bach, Handel, Mozart, Chopin, Villa-Lobos, Hayden, Brahms, Schubert, Schumann e Tchaikovsky. Susan Hellard, Ann Rachlin. São Paulo: Callis, 1993-2010.

Coleção mestres da música: Beethoven, Tchaikovsky, Bach, Mozart. Mike Venezia. São Paulo: Moderna, 1999.

Coleção mestres da música no Brasil: Chiquinha Gonzaga, Caetano Veloso, Pixinguinha, Gilberto Gil, Chico Buarque, Villa-Lobos. Vários autores. São Paulo: Moderna, 2002-2006.

História da música em quadrinho. Michael Sadler, Denys Lemery e Bernard Deyries. São Paulo: Martins Fontes, 2010.

História da música popular brasileira para crianças. Simone Cit. Curitiba: Edição da Autora, 2006.

A orquestra tintim por tintim. Liane Hentschke, Susana Ester Kruger, Luciana Del Ben, Elisa da Silva e Cunha. São Paulo: Moderna, 2005.